## 発刊に寄せて

　広大な中国には少数民族が多数居住しており、とりわけ南部に密集しています。ところが、それらの音楽文化の歴史や現状はいまだに知られざるまま多くが残されています。学位論文（2003年、大阪大学）に基づく本書、李金叶（りきんよう）（Li Jinye）著『中国とベトナム山地民族の世界—ヤオ族音楽文化に関する基礎的研究—』は、その隙間を埋めるべく基礎的なデータをヤオ族の歴史と現在の両面にまたがって示している点で高く評価できます。特に、短期間とはいえベトナムにまで足をのばして知見を広めたのは、今後推進すべき隣国同士の連携を示唆しています。また、著者自身が漢民族出身であることを意識して、従来の漢民族中心的な態度を脱却し、文化相対主義の影響を受けながら論を進めたことも歓迎される事実です。

　中国南部およびベトナム北部にまたがって居住するひとつの民族、それは中国ではヤオ族、ベトナムではザオ族と呼ばれています。国境をはさんで若干異なる状況がありますから、ヤオ族に重点を置きつつザオ族と相互に比較することが本書の主眼となっています。すなわち、彼らの価値体系に探りを入れた上で、その民謡の歌唱法や楽器の演奏法などの類似点と相違点、音楽文化の伝承過程、歴史的変遷などを究明し、さらにヤオ族を中心とする中国南部少数民族の音楽文化の形成と発展について展望することを目的としています。手法としては、文献を古代中国まで遡って吟味する歴史学に加えて、フィールドワークによる文化人類学・民族音楽学の方法をも駆使して、それらのデータをつき合わせていることが大きな特徴といえるでしょう。

　本書が少数民族研究の模範的な一例として、音楽学のみならず人文学一般の発展に大きく貢献することを願っています。

2009年1月

　　　　　　　　　　　　　　　　　　　大阪大学名誉教授　山口　修

# まえがき

　本書は、現代ヤオ族の音楽において欠かせない代表的な楽器である長鼓、銅鼓、および各ジャンルの民謡に焦点を当て、その歴史と現状、および特徴を文献研究とフィールドワークの手法によって包括的に究明した研究である。従来のヤオ族を中心とする中国南部少数民族の音楽文化に関する総合的研究は、まだほとんど行われておらず、特に中越国境近辺の山地民族の音楽文化に関する調査と研究は、アジアの他の地域に比べて、全体的に大変遅れている。なかでも、ヤオ族の音楽文化についての研究は、いまだに白紙の状態にあるので、本研究はこの意味においても斬新的である。本研究は単なる音楽の現状についての調査記録にとどまらず、音楽と人間社会、地域文化、および自然環境との関わりについても考察し、この研究の実践と成果は必ず将来の同類の研究に大きな影響を及ぼし、範例を提供するに違いないといえよう。

　本書は５部構成になっている。
　第Ⅰ部序論の第１章「研究の目的と方法」では、現在中国南部およびベトナム北部に生活するヤオ族（ベトナムではザオ族と呼ばれる）の音楽文化の比較研究を通して、彼らの価値体系に探りを入れた上で、その民謡の歌唱法や楽器の演奏法などの類似点と相違点、音楽文化の伝承過程、歴史的変遷などを究明し、さらにそれに基づいて、ヤオ族を中心とする中国南部少数民族の音楽文化の形成と発展について展望するという目的を明らかにする。
　第２章「従来の研究」では、各著作にあるヤオ族音楽に関する論述の分析を通して、ヤオ族を中心とする中国南部少数民族の音楽文化に関する総合研究や、他民族の音楽文化を受け入れてからの文化触変を観点とした比較研究は、従来十分にはなされてこなかったことがわかる。特に地域および国境を越えて、昔から移住生活を習慣としてきたヤオ族の音楽文化の伝承などに関する比較検討が、従来ほとんど行われていなかったことを明らかにする。
　第Ⅱ部「ヤオ族音楽文化研究における周縁へのまなざし」の第３章「ヤオ

族音楽記録に関わる記譜問題について」では、ヤオ族音楽の研究に関する重要な作業の1つである記譜について、主に民族音楽の記譜概念や民族音楽の記譜様式、および民族音楽の記譜に関する諸問題を検討しながら、ヤオ族音楽の記譜問題に関する論述を進める。また、本章は民族音楽学の立場から見れば、記譜は実際の音楽行為を記述する方法であり、ヤオ族音楽調査者に対して、自分の研究の目的を達成するために、さまざまな記譜方法と手段を用いることが許されるべきであることを主張する。

第4章「ヤオ族音楽研究に関わる周辺資料の調査」では、研究を単に机上の空論とさせないために、現在目にすることのできる中国およびベトナム少数民族の音楽文化に関する資料を批判的に吟味して論述すると同時に、一見相互に関連のないこれらの資料の間に理論的なつながりを見いだし、ヤオ族音楽文化研究の方法論に関わる問題領域を整理することを試みるものである。

第Ⅲ部「ヤオ族の打楽器を中心とする音楽文化」は、私が歴史学（音楽史学）的研究および文化人類学（民族音楽学）的研究を融合する方法をとっている研究の実践である。本部では多量な極めて貴重な歴史文献の中で、ごく少ないヤオ族の各方面に関する論述の情報を収集し、ヤオ族の打楽器音楽文化の伝統性などを考察することができた。

第5章「ヤオ族の長鼓文化に関する分析」では、宋代の『桂海虞衡志』、明代の『赤雅』、および清代の『皇清職貢圖』などの文献にある打楽器の記載を通して、現在ヤオ族の音楽に用いられる長鼓、およびその楽器の演奏をしながら歌舞を演じることが、昔の時代から伝承されてきたものであることなどが明らかである。

第6章「ヤオ族の銅鼓文化に関する分析」では、唐代の『通典』、宋代の『嶺外代答』、明代の『西事珥』、および清代の『廣東新語』などの文献にある銅鼓の記載と筆者の現地調査で得られた銅鼓の情報を結びつけて考察し、銅鼓が古代南部少数民族の人びとにとって非常に重要な楽器として大事な行事を行う際に演奏されてきたことのみならず、高価な銅鼓を持つことが個人の財産と地位を象徴するものであること、古代人の銅鼓に対する認識や古代の銅鼓演奏が担った役割は現在のヤオ族社会にも依然として生き残っていることなどを明らかにする。

第Ⅳ部「ヤオ族の歌掛けを中心とする音楽文化」では、各ジャンルのヤオ族民謡について記述している。

第7章「各地域のヤオ族の民謡」では、まず雲南省河口ヤオ族自治県やベトナム・ラオカイ省に居住するヤオ族の民謡を中心に考察する。河口地区のヤオ族とラオカイ地区のヤオ族の間で盛んに行われている民謡の歌唱活動については、昔から主に山地に居住してきたヤオ族は、交通が不便であることや経済的貧しさなどから、経済や文化が発達している漢族やキン族などとの交流が限られており、都市で音楽を演奏する際に使われる各種の楽器が彼らの住む山地にもたらされることが少なかったため、民謡が彼らの音楽の中心となったものであると考えられる。本章では、金秀大瑶山に居住している各ヤオ族の民謡をジャンル別に分類し、各ジャンルの民謡の特性などを分析・検証したあと、それらの各ジャンルの民謡について総合的に考察し、大瑶山ヤオ族民謡の中に見られる歌詞や旋律、および歌唱法などの特徴を挙げている。そして、これらの特徴は、中越国境近辺の地域に居住するヤオ族の民謡にも共通するものが少なくないことを明らかにする。

第8章「ヤオ族民謡の伝承と社会的機能」では、まずヤオ族が昔から各地への移住を繰り返してきたため、彼らの社会における宗教儀礼や娯楽などに不可欠な民謡も、彼らの移住に伴って各地に伝播し、特に民族独自の文字を持たないヤオ族の人びとにとっては、歌詞を漢字によって表記するためにのみ用いられ、総体としての伝承は、現在でもやはり「口伝心授」の方法が中心であることを主張する。さらに本章ではヤオ族民謡の社会的機能について、宗教儀礼、歴史伝承、生活知識、および情感表現という4つの側面に着目して言明する。それを通して、ヤオ族民謡には機能性が非常に明確に見て取れ、その本質は言語の代わりに歌によって意思を伝える「以歌代言」(yige-daiyan) という言葉に代表されること、民謡は、彼らにとって自民族の歴史や祖先英雄の伝説を次代へと伝える媒体であり、民族の団結心を強化する上でも重要な役割を果たすことを明白にする。

最後に第Ⅴ部結論では、第9章「少数民族音楽文化の形成と発展」において、ヤオ族音楽文化の形成と発展に関する必要性、吸収、継承、変化などの側面に着目し、ヤオ族音楽文化の様態を総合的に考察することにより、中国とベ

トナム山地民族の音楽文化の形成と発展に関する基本的な規律を見いだすことができたと確信している。

2009 年 1 月

著　者

## 中国とベトナム山地民族の世界
―ヤオ族音楽文化に関する基礎的研究―

## 目　次

発刊に寄せて …………………………………………………………… *i*
まえがき ………………………………………………………………… *ii*
英文要旨（Summary in English）……………………………………… *xiii*
中文提要 ………………………………………………………………… *xix*
凡例 ……………………………………………………………………… *xxiii*

## 第Ⅰ部　序論 …………………………………………………………… *1*

### 第1章　研究の目的と方法 ………………………………………… *2*

### 第2章　従来の研究 ………………………………………………… *7*

## 第Ⅱ部　ヤオ族音楽研究における周縁へのまなざし ……………… *11*

### 第3章　ヤオ族音楽記録に関わる記譜問題について ……………… *12*
1. 民族音楽の記譜概念 …………………………………………… *12*
2. 民族音楽の記譜様式 …………………………………………… *13*
3. 民族音楽の記譜に関する検討 ………………………………… *15*

### 第4章　ヤオ族音楽研究に関わる周辺資料の調査 ………………… *18*
1. 文献資料について ……………………………………………… *19*
2. 音響資料について ……………………………………………… *22*
3. 映像資料について ……………………………………………… *26*
4. 漢民族として自文化と異文化について考える ……………… *29*

目次 ix

## 第Ⅲ部　ヤオ族の打楽器を中心とする音楽文化 …………… 33
はじめに ………………………………………………………… 34

### 第5章　ヤオ族の長鼓文化に関する分析 ……………………… 35
1. 唐宋時代の文献に見られる長鼓 ………………………… 35
2. 明清時代の文献に見られる長鼓 ………………………… 37
3. ヤオ族長鼓の構造 ………………………………………… 40
4. ヤオ族長鼓の演奏方法 …………………………………… 44
5. ベトナム北部ザオ族の「土鼓」 ………………………… 52
6. ヤオ族長鼓の社会的機能 ………………………………… 59

### 第6章　ヤオ族の銅鼓文化に関する分析 ……………………… 64
1. 中国南部の銅鼓 …………………………………………… 65
2. 中国古文献に見られる銅鼓 ……………………………… 69
　（1）中国古代銅鼓の形状　*70*
　（2）唐宋時代の文献に見られる銅鼓　*71*
　（3）明清時代の文献に見られる銅鼓　*74*
3. ヤオ族銅鼓の伝承状況 …………………………………… 75
4. ヤオ族銅鼓の演奏方法 …………………………………… 78
5. 中国南部銅鼓の社会的機能 ……………………………… 82
　（1）太陽の紋様について　*83*
　（2）舟の紋様について　*85*
　（3）銅鼓の役割について　*88*

## 第Ⅳ部　ヤオ族の歌掛けを中心とする音楽文化 …………… 91
はじめに ………………………………………………………… 92

### 第7章　各地域のヤオ族の民謡 ………………………………… 93
1. 中越国境近辺のヤオ族居住地域の概況 ………………… 94

（1）　地理環境　*94*
　　　（2）　民族の分布　*95*
　　　（3）　移住の経緯　*96*
　　　（4）　言語と文字　*97*
　　　（5）　祭祀活動　*98*
　2．中越国境近辺ヤオ族の民謡 ……………………………………… *99*
　　　（1）　「対歌」の習慣　*99*
　　　（2）　民謡の作詞法　*101*
　　　（3）　民謡の歌唱法　*102*
　3．広西金秀ヤオ族自治県の地域概況 …………………………… *107*
　　　（1）　地理環境　*107*
　　　（2）　民族の分布　*108*
　　　（3）　移住の経緯　*109*
　　　（4）　言語と文字　*110*
　　　（5）　祭祀活動　*111*
　4．広西金秀大瑶山ヤオ族の民謡 ………………………………… *112*
　　　（1）　茶山ヤオ族の「香哩」　*112*
　　　（2）　山子ヤオ族の「門中」　*114*
　　　（3）　花藍ヤオ族の「吉冬諾」　*115*
　　　（4）　盤ヤオ族の「貴金中」　*116*
　　　（5）　広西金秀大瑶山ヤオ族民謡の特徴　*117*
　5．広西金秀大瑶山ヤオ族民謡の比較検討 ……………………… *118*
　　　（1）　民謡の歌唱形式　*119*
　　　（2）　民謡の作詞法　*120*

第8章　ヤオ族民謡の伝承と社会的機能 ……………………………… *122*
　1．ヤオ族民謡の伝承上の特徴 ……………………………………… *123*
　　　（1）　口頭によるヤオ族民謡の伝承　*124*
　　　（2）　口頭伝承の多様性　*126*
　2．過山ヤオ族民謡の伝承 …………………………………………… *129*

（１）　紅頭ヤオ族群における民謡の伝承　*129*
　　（２）　藍靛ヤオ族群における民謡の伝承　*139*
　3.　ヤオ族民謡の社会的機能 ……………………………………… *144*
　　（１）　宗教儀礼としての機能　*145*
　　（２）　歴史伝承としての機能　*148*
　　（３）　生活知識としての機能　*150*
　　（４）　情感表現としての機能　*153*

# 第Ⅴ部　結論 ……………………………………………… *159*

　第９章　少数民族音楽文化の形成と発展
　　　　　—必要・吸収・継承・変化および新たなる展開— ……… *160*
　　（１）　音楽形成の必要性　*161*
　　（２）　異文化の吸収　*163*
　　（３）　音楽文化の継承　*165*
　　（４）　音楽文化の変化　*166*
　　（５）　音楽文化の展開　*168*

あとがき ………………………………………………………………… *171*
参考文献 ………………………………………………………………… *172*

# The World of the Mountain Peoples in China and Vietnam
— Basic Research on the Yao Tribe Music Culture —
Summary in English

Li Jinye

This book researches the *changgu*, which are the typical instruments of the Yao society, the *tonggu* (bronze drum), and the folksongs. The history of the Yao tribe music, its current state, and features are inclusively investigated by way of research into the historical documents as well as of fieldwork. Until now, survey researches on the music culture of the southern Chinese ethnic minorities, particularly the Yao tribe, have yet hardly been done. In other words, investigation and research on the music cultures of the peoples living in the remote mountainous region of *zhongyue* border have been delayed. Because there is little research on the music culture of the Yao tribe, this research is the first meaningful one that has been done. This research does not only limit itself to the investigation of the current state of music, but it also aims at the effect of the music, the society, and the culture and nature as well as these in historical perspective. It can be said that the technique used and the results of this research will greatly influence the same kind of research in the future, and offer a paradigm.

This book has eight chapters.

In Chapter One "Purpose of the research and method", the purpose of investigating into similar points of the performance methods for singing folksongs and the musical instruments etc. and the different points are described by comparing the music culture of the Yao tribe, who live in the southern part of China and those who live on northern Vietnam, where the people are called the Dao in Vietnamese. Moreover, this chapter describes the purpose of investigating the process of historical change and transition, etc. of the music culture of the Yao tribe. In addition, the formation and development of the music culture of the southern part Chinese minority groups which center on the Yao tribe is made clear.

And overall consideration is to synthesize the data obtained by fieldwork and the documentary research. This method has an important meaning for research on the music culture of a minority people. As a result, the history and the current state of the music culture of the minority in southern China, which centers on the Yao tribe can be understood. The similarity and the difference with the music culture of Yao tribe in Vietnam can be investigated thus clarifying the form of the music culture and the process of its spread.

In Chapter Two "Research of the past", the literature concerning the Yao tribe music is analyzed. This comparative research, through an integrated research on how the music culture of the Yao tribe and other tribes are received leads one to understanding how deficient research has been. The effect of the migratory life of the Yao tribe, which has not been considered up until now, is discussed in its effect on the musical customs and legends passed down.

Chapter Three takes up the method of musical notation which greatly affects the record of their music. The concepts and actual notation used by the Yao tribe is considered, pointing out the problems encountered. Here the author discusses the concepts and various notations which were developed in order to record their music.

In Chapter Four "Investigation of materials available for research in the music of the Yao tribe" the existing materials are introduced and critically evaluated. Moreover, this chapter attempts to find the theoretical connections between these researches and to propose some ways of ordering them to find a good methodology for this research. In the Yao tribe as well as among the Han people, their musics each have special characteristics of their own. It is impossible to evaluate one type of folk music as being better than another. It is emphasized that the special sound created by the two *sona* of the Qianyao tribe in Vietnam cannot be imitated by any wind instrument used in the West.

In Chapters Five and Six is introduced the author's methodology in which historical research is combined with documentary research on music. The author describes the musical techniques and their history, pointing out the traditional elements in their percussion instrumental music. In Chapter Five "Analysis of the *changgu* culture of the Yao tribes", the use of percussion instruments, especially the "long drum", is considered through documents from the time of the Tang period. It became clear that the presently used "long drum" *(changgu)* has developed from the small waist drum used in ancient times in the *changgu* culture of the Yao tribes. It has also become clear that the singing and dancing which the Yao perform to the large festivals and when there are large dances and much singing, for musical expression both large and smaller "long drums" *(changgu)* are used. Here it is also pointed out that the people of the Korean peninsula also followed a similar development in finding a suitable expression for their musical culture.

Chapter Six "Analysis of the bronze drum culture of the Yao tribes" investigates the use of the *tonggu* in documents from the Tang period as well as in the field research of the author. The *tonggu* was for the ancient minority peoples, not only a musical instrument for various events, but also such a bronze drum was a valuable possession which symbolized the wealth and social position of the owner. The *tonggu* was seen as a precious instrument which was indispensable for festive occasions the people. Here the author explains how the attitudes and the use of the bronze drum *(tonggu)* in ancient times can be know from the way it is treated and used today by the Yao tribes. Furthermore, because of its clear and loud sound, performance on the *tonggu* even today accompanies lively feast-day celebrations. Here the author explains the social function which the bronze drum played in Yao society.

Chapters Seven and Eight take up the Yao folksongs of their various genres. Chapter Seven "FolkSongs of various Yao tribes" describes the folksongs of the Hekou area in Yunnan Province of China and those of Laocai district in Vietnam. Here is also described the actual singing activity among these Yao tribes in the Hekou district and those in the Laocai district. Moreover, intercourse with the Han people has been very limited because travel is very inconvenient and the Yao tribes who live in the mountains are very poor. Consequently, it is very difficult for the musical instrument of the Han people to be diffused among the Yao tribes. This is the reason why Yao folk music is principally that from their own tradition. It is inevitable that in the many regions of the world there should be developed various styles of singing. Next, the folksongs of the Yao who live in Guangxi Jinxiu Dayoashan are examined. An overall description is given of the various genres of their folksongs and the characteristics of the worlds and the way of singing. The common features found in the folksongs of the Yao tribes in the vicinity of the China-Vietnam border are pointed out. In addition, relying on actual fieldwork as well as on documentation, the style, the musical scale, and the musical notation of the folksongs of the Dayaoshan Yao family are explained.

Chapter Eight "Legends and social function in the Yao folksongs," describes how the Yao tribes, who have no written culture, have used Chinese characters only for the lyrics of their folksongs. Here it is clarified that the method of passing on the music is "*kouchuan xinshou*" (by word of mouth and reception by the heart). Here, the author presents and analyzes folksongs of Hong and Landian Yao tribes. The author describes and analyzes the songs, showing that, although all are sung in each *guoshanyin* rhythms, the actual lyrics vary widely. Compared with the Han people, who had a more developed musical culture, the Yao tribes, managed with very meager means, to pass on their folksongs. The influence of social structure, religious ceremony, historical legends, and emotional expression is examined here. The function of the songs can be seen very clearly: instead of by words, the intention of the will is expressed by song *(yige daiyan)*. The folksongs have been transmitted from one generation to the next 〖in〗 their history together with the legends of heroes of the past. The author clarifies how the folksongs play an indispensable role in their culture by strengthening their unity and giving expression to their thoughts and emotions.

In conclusion, the author points out that the importance, the diffusion, the tradition, and changes all play a role in the formation and development of their musical culture. The author believes that, by investigating in a comprehensive way into the music of these mountain Yao tribes, he has discovered the basic principles of the formation and development of their musical culture. Moreover, the social life of the Yao from the past to the present is reflected by the simple emotions, concise technique, peculiar style, and clear musical forms. Their typical "long drum" *(changgu)* and "bronze drum" *(tonggu)* were used to create a mystical atmosphere at religious ceremonies; as generations passed, however, they were also used for entertainment at festivals. It can be said that the musical culture of the Yao tribes is a mirror of their history, but it is also indispensable for their religious ceremonies and as nourishment for their spirit in daily life.

# 中国和越南山地民族的世界
## —关于瑶族音乐文化的基础研究—
## 本书提要

李　金叶

　　本书是以现今瑶族音乐当中不可缺少的代表性的乐器长鼓，铜鼓以及民歌，作为研究的着重点。对于瑶族音乐的历史和现状及其特征的研究，笔者应用文献研究和田野考察相结合的方法，通过对长鼓，铜鼓以及民歌的实证研究，来阐述瑶族音乐的基本问题。经过实地考察，学者对于分布在中国南部地区的瑶族音乐文化还没有系统地展开综合性的研究。在音乐研究中，关于中越边境地区瑶族的音乐文化的研究迄今为止仍属空白，因此本研究填补了这一空白。本研究，不单单是对于瑶族音乐文化的现状调查记录，而是对瑶族音乐与社会，文化以及生存形态的关系的考察和研究，所以对于它的考察和研究的实践和成果，对将来同类的研究必然会产生很大的影响，提供研究瑶族音乐文化的范例。

　　本书由五大部分组成

　　第一部分"序论"的第一章"研究的目的和方法"中，通过对现今生活在中国南部和越南北部的瑶族的音乐文化的比较研究，从瑶族音乐的价值体系着手来阐明民歌的歌唱法和乐器的演奏法的相同点和不同点，音乐文化的传授过程以及历史的变迁，在此基础上认识以瑶族为重点的中国南部的少数民族的音乐文化的形成和发展。这是本研究的目的。作为本研究的方法，是根据田野考察得到的信息结合文献研究的结果，来综合考察瑶族音乐文化的历史和现状。关于这样的研究方法，对于少数民族的音乐文化的研究具有重要的意义。在把握以瑶族为重点的中国南部少数民族的音乐文化的历史和现状的基础上，在论述瑶族音乐文化的形式及其传播的过程中，阐明中国南部瑶族和越南北部瑶族的音乐文化的关联及其异同。

　　第二章"前人的研究"中，通过对各种著作中关于瑶族音乐的论述的分析，发现在关于以瑶族为重点的中国南部少数民族的音乐文化的研究中，大多忽视了其

借鉴和吸纳其他民族的音乐文化的历史过程。我又发现，对于跨地域、跨国境的自古以来以迁移为传统生活方式的瑶族的音乐文化的传承等问题上的比较研究，前人并没有涉及。

第二部分"关于瑶族音乐文化的周边关系的考察"的第三章"关于瑶族音乐的记谱问题"中，从研究瑶族音乐的重要手段之一记谱着手，主要从民族音乐的记谱概念，记谱样式以及关于记谱的诸问题的研讨的同时，来阐明瑶族音乐的记谱问题。本章主张从民族音乐学的基础理论来分析，所谓的"记谱"是记述实际音乐行为的方法，作为瑶族音乐的调查者来说，为了达到研究的目的可以容许采用各种各样的记谱方法和手段。

第四章"关于瑶族音乐的周边资料的调查"中，笔者认为，对于文献资料，不能仅仅依靠案头研究的空论，而应该在对所涉及到的关于中国南部以及越南北部少数民族的音乐文化的资料进行批判性的分析的同时，对看来互不关联的资料进行理论分析，揭示它们内在的联系，来探讨瑶族音乐文化理论研究的途径。本章强调，在汉族和瑶族的社会里存在着各种各样的地域性音乐文化，作为音乐形态，要对地域性的音乐文化做出优秀或不优秀的评价是不可能的，也是不符合形态学原则的。特别是对于越南的钱瑶族的"双唢呐"的演奏的特殊的音色，若用西方的木管乐器来模仿它也是不可能的。

第三部分"关于瑶族的打击乐器为中心的音乐文化"，本人在研究中首次融合了历史学（音乐史学）和文化人类学（民族音乐学）的研究方法及其研究程序，从珍贵的历史文献中收集稀有的有关瑶族文化的各种情报，考察了瑶族打击乐器音乐文化的传统性等问题。首先，第五章"关于瑶族长鼓文化的分析"中，通过对宋代的《桂海虞衡志》，明代的《赤雅》，清代的《皇清职贡图》等文献中的关于打击乐器的记载的研究，本章明确了现在瑶族音乐中所使用的长鼓是从古代的细腰鼓变迁而来的打击乐器，现在的瑶族社会里所举行的娱乐活动和祭祀盘古王的仪式中，边演奏长鼓边表演舞蹈的形式是从古代传承下来的。本章指出，在《赛盘古》的大型活动中，瑶族人藉次机会展示各自的传统艺能，集团开设歌坛，举行歌唱和舞蹈的娱乐活动，为了适应这种盛大的祭祀活动和多样的歌舞表演形式，使用大，小二种类的长鼓是妥当的，也是必然的。本章强调，通过长鼓，蜂鼓的演奏方法等的考察，不管是瑶族还是朝鲜族，不管是东亚还是东南亚各地区居住的民族，尽管在演奏法的细节方面有所区别，但为了表现自己民族的音乐

文化，他们都根据同样的思维来传承传统乐器的演奏方法。

其次，第六章"关于瑶族的铜鼓文化的分析"中，将唐代的《通典》，宋代的《岭外代答》，明代的《西事珥》，清代的《广东新语》等文献中关于铜鼓的记载，结合本人实地调查中得到的关于铜鼓的情报，来进行考察和分析研究。本章明确，铜鼓对于古代中国南部的少数民族来说是极为重要的乐器，在举行重大的仪式性的活动中演奏，而且在他们的心目中，谁持有价格昂贵的铜鼓，就象征着个人所拥有的财产和相应的社会地位，古代人把铜鼓看成南部少数民族最有价值的象征物。在大众的娱乐活动中，往往缺少不了铜鼓的演奏，也就是说古代人对于铜鼓的认识，古代的铜鼓演奏的效能，在现在的瑶族社会里依然如此。本章明确了从古至今铜鼓作为瑶族等中国南部少数民族的不可缺少的打击乐器的同时，又强调了铜鼓作为乐器所具有的强烈的音响特征，所以在中国南部少数民族社会里，从古至今凡举行盛大热烈的娱乐活动都使用铜鼓作为音乐的演奏，这是作为乐器本身的铜鼓所显示的主要社会功能。

第四部分"关于瑶族的民歌为中心的音乐文化"，是本人关于实地调查得来的瑶族居住地区的各地的民歌的论述。第七章"各地域的瑶族的民歌"中，本章的前半部分叙述了民族音乐学中所重视的中越边境的地理状况后，对于云南省河口瑶族自治县和越南老街省内居住的瑶族的民歌进行了考察。本章判明，关于河口地区瑶族和老街地区瑶族的社会里频繁举行的民歌的歌唱活动，是因为他们很久以来居住在山地，与汉族和京族的民族交流受到限制，都市里的各种乐器很少传到瑶族居住区，所以中越边境的瑶族音乐以歌唱民歌为主要音乐形式。本章指出，在中越边境的瑶族民歌里所具有的"读音唱"，"平唱"，卡农式的"轮唱"的歌唱法，从某种角度来看，不管是东洋还是西洋，在音乐演奏和演唱中都会进行各种各样的尝试，因此必然会产生各种各样的歌唱法。

为了阐明瑶族民歌作词法的多样性，歌唱法的复杂性，民歌的传承状况等，本章的后半部分主要论述了瑶族集中分布的广西壮族自治区金秀大瑶山里居住的瑶族民歌。本章对居住在金秀大瑶山里的各瑶族的民歌的种类进行了分类，分析和验证了各种类的民歌特性等以后，综合考察了各种类的瑶族民歌，界定了大瑶山瑶族民歌中所具有的歌词，旋律，歌唱法等的特征，并且明确了中越边境地区里居住的瑶族的民歌中也有不少具有这些特征。另外，本章把自己从田野考察得来的信息作为第一手资料，为了加深考察的深度，参照历史文献对考察所得到的民

歌的歌唱形式、作词法进行了深入探讨。

第八章"瑶族民歌的传承和社会机能"中，首先，本章主张瑶族在各地反复迁移的历史过程中，在他们的社会里所信仰的宗教仪式和娱乐活动中不可缺少民歌，民歌也在迁移中得到传播，特别是对没有自己民族文字的瑶族来说，采用了汉字异读作为歌词的表记方式，从总体的民歌的传播来说，到目前为止仍然采用"口传心授"的方法。本章验证了本人举例和分析的实地调查得来的红瑶族群和蓝靛瑶族群的民歌的结果，在这些民歌中都是以各自所谓的"过山音"的旋律为基础来歌唱，歌词里具有各种各样的内容，歌词的体裁有山歌，古歌，生活歌，情歌等。本章认为，各地的瑶族使用各自的旋律来歌唱具有各种各样内容的民歌，是因为在瑶族社会里不具有像汉族那样的文化高度发展的环境，因此只能根据限定的素材来活用旋律进行本民族的民歌传承。

其次，本章关于瑶族民歌的社会机能，主要是从宗教仪式，历史传承，生活知识，情感表现四个侧面来进行论述。通过这些论述，本章明确了在瑶族民歌中功能性是非常明瞭的，它的本质就是用带旋律的语言来表现自己的情感和意志，也就是所谓的"以歌代言"。民歌对他们来说，是作为他们对子孙后代传达自己民族的历史，祖先的英雄传说的媒体，在强化民族团结心上发挥了重要的效能。另外，本章阐明了在宗教礼仪中娱神的文艺也是瑶族人交际活动的口头文化形式，是作为思想感情的主要表现手段之一。在他们的生活中，它具有不可缺少的社会机能。

最后，在第五部分"结论"中的第九章，本人确信，从关于瑶族音乐文化的形成和发展的必要性，吸收，继承，变化等侧面着手，通过综合考察瑶族音乐文化形态，找出了关于山地民族的音乐文化的形成和发展的基本规律。笔者认为，因为在瑶族民歌中所具有的朴素的感情，简练的手法，独特的样式，鲜明的音乐形象，所以能如实地反映了过去和现在的瑶族社会生活。他们的代表性的打击乐器长鼓和铜鼓在宗教仪式和风俗行为中还常常带着神秘性，尽管如此，随着时代的推移，作为具有娱乐功能的打击乐器普遍为瑶族人民所使用。像这样的瑶族音乐文化，在作为反映他们民族历史的一面镜子的同时，也是他们的民族的宗教仪式，日常生活中不可缺少的精神食粮。

## 凡　例

（1）　本書で主たる研究対象とする中国のヤオ族は、主に雲南省、貴州省、広西チワン族自治区、湖南省、広東省の各地区に分布する山地民族である。現在の中国地域分類の習慣によると、中国ヤオ族分布地域は雲南省、貴州省、広西チワン族自治区西部および湖南省西部は西南地区、湖南省（西部を除く）は中南地区、広西チワン族自治区（西部を除く）および広東省は東南地区に分類することができる。本書において述べられる中国南部は主に前述の西南・中南・東南という3つのヤオ族地域を指すものである。

（2）　中国ヤオ族の呼び名では、「傜」「猺」「瑶」というように漢字語が用いられているが、本書において日本語の表記の統一のため、日本の現代当用漢字「瑶」およびカタカナ「ヤオ」と書くことにする。中国と比較するために言及するベトナムのヤオ族だけを指す場合については、ベトナム語発音に従い、「ザオ族」と表記する。

（3）　本書において引用する古文献の訳文は、筆者の解釈により翻訳されたものである。

（4）　本書において古文献から引用するときの句読点は、翻刻本の場合原文通り、影印の場合は、筆者の理解で若干解釈的に補って記した。

（5）　引用文献およびタイトルに記載されている繁体字、簡略字、異体字は、日本の現代当用漢字に統一するのを原則とする。
　　　（例）蠻→蛮。樂、乐→楽。華→曄。

（6）　『　』　単行本・雑誌・文献などの題号、書名。

（7）　「　」　書物からの原文引用・強調する語句・単行本・文献の章節など。

（8）　《　》　歌謡集・組曲の曲名など。

（9）　〈　〉　単一の曲名・写真・楽譜・地図およびその参照事項。

（10）　（　）　引用文の訳文・筆者による解釈・言い換え・参照事項。

（11）　［　］　参考文献の出典箇所。

(12) 〔　〕　筆者による引用文および訳文の補充文。
(13) …　　引用文の省略部分。
(14) ・　（中黒）分かち書きに相当するもの。
(15) ：　　付加説明。
(16) ；　　付加説明。
(17) 引用箇所は、使用した刊本（参考文献表の中で詳細記載）での頁数により明記する。

　　（例）『夢溪筆談』巻5（733頁）これは1934年の台北影印本での733頁。

# 第Ⅰ部

## 序　論

# 第1章
# 研究の目的と方法

　ヤオ族は「大分散小集中」という居住上の特徴を持つ民族集団であり、主に焼畑農業、手工業などの生産活動に従事する典型的な山地民族である。また歴史上の種々の原因により、現在の国々からすれば、中国南部のみならず東南アジアのベトナムやラオス、およびタイにあたる地域にも移住し、結果として国境をまたがって分布する民族となっている。今日、文化交流と科学の絶え間ない進歩にともない、地方的な特色ある音楽や民族的な伝統音楽文化を残している少数民族に対する研究は、ますます世界的な価値を持ちつつある。私は長い歴史と豊富な文献を誇る漢民族の出身であるが、自民族の音楽研究に当たって「楽譜のない民族音楽は歴史を持たない」という観念は適切ではないと考え、現在中国南部の地区に居住している少数民族、およびかつて現在の中国とベトナムの国境近辺の地区に移動して現在もそこに居住している少数民族の音楽文化を研究することを決心した。

　従来の東アジア地域の音楽文化の研究状況を見ると、ヤオ族を中心とする中国南部少数民族の音楽文化に関する総合的研究はまだほとんど行われていない。特に中越国境近辺の少数民族の音楽文化に関する調査と研究は、アジアの他の地域に比べて、全体的に大変遅れている。なかでも、山地民族であるヤオ族の音楽文化についての研究はいまだに白紙の状態であるので、本研究はこの意味においても斬新であると考える。本研究では、現在中国南部およびベトナム北部に生活するヤオ族の音楽文化の比較研究を通して、彼らの価値体系に探

りを入れた上で、その民謡の歌唱法や楽器の演奏法などの類似点と相違点、音楽文化の伝承過程、歴史的変遷などを究明し、さらにそれに基づいて、ヤオ族を中心とする中国南部少数民族の音楽文化の形成と発展について展望することを目的としている。

本研究を遂行するために、私は数回にわたって、中国南部ヤオ族の居住地区とベトナム北部ザオ族（ベトナムではザオ族と呼ばれる）の居住地区でフィールドワークを行った。ベトナムでは、主にラオカイ省のサパ県、バトサト県、バオタン県、および首都ハノイで、中国からベトナムに移住しているザオ族の音楽の分布状況などを調査した。これらの地区に居住するザオ族の間では、民謡が盛んに歌われており、村の子供、そして青年から老人まで、皆が自民族の民謡を歌えるという事実が印象的である。ヤオ族銅鼓などの打楽器の演奏には接することはできなかったが、中国南部でよく見られる銅鼓が、ハノイ市の歴史博物館〈写真1〉や芸術博物館、および国立音楽研究所に陳列されており、宗教儀礼を行う際に、銅鈴の演奏を盛んに行っていることもわかった。

写真1　ベトナム・ハノイ歴史博物館に保存される中国の石寨山型銅鼓と類似する銅鼓（2000年9月3日、著者撮影）

中国では、主に広西チワン族自治区の金秀ヤオ族自治県、南丹県、貴州省の荔波県、および雲南省の河口ヤオ族自治県、金平ミャオ族タイ族ヤオ族自治県、勐臘県において、民謡や打楽器などの分布状況を調査した。これらの地域で民間音楽を調査した結果によると、器楽の演奏も民謡の歌唱もよく行われているが、管楽器や弦楽器よりも打楽器が多く使われていることが注目される。たとえば、銅鼓、銅鈴、銅鑼、シンバル、長鼓などの演奏がよく見られる。

つまり中国南部少数民族の地区および中国国境近くの東南アジア地区では、打楽器の音楽がそれぞれの社会で重要な一部を占めることが確認できるのであ

る。これらの地域は山が多く、木や銅などの資源が豊富である。このような地域環境ゆえに、木や銅で作った打楽器が多く見られることは当然といえる。私は現地において、中国南部ヤオ族の生活状況や祭祀儀礼活動などに関する映像や音響、および文献資料を収集したが、現在わかっている限り、本研究に類似する先行研究は皆無といえる。

　本研究は、現地調査から得られたデータを文献と照らし合わせて、主として中国のヤオ族の打楽器や歌掛けを中心とする音楽文化を概略することを試み、併せて補足的にベトナム・ザオ族の事例に若干言及するものである。ヤオ族のもっとも重要な楽器としては、長鼓、黄泥鼓、銅鼓などが挙げられる。しかし、これらの打楽器の伝承状況などについて地元の人びとに質問しても、確かな答えは返ってこない。たとえば、ヤオ族長鼓の起源について、金秀大瑶山に居住するヤオ族の老人に尋ねると、「昔、山地で働くヤオ族の祖先が野生の羊と衝突し、山頂から平地に転落して亡くなり、後の人びとが祖先を追悼するため、野生の羊を殺し山の木と羊の皮で長鼓を作った」というような伝説を語った。また金秀ヤオ族自治県文化局の職員からも、同じような伝説を聞いた。現地のヤオ族の人びとは漢族の人びとと交流が少ない。したがって、漢族の文献には長鼓についてさまざまな記述があるにもかかわらず、それを読むことができないため、長鼓の起源を民間の伝説によって説明しているのである。またヤオ族の人びとは普段は銅鼓を演奏せず、祭りや葬儀の時期などにのみ演奏している。一般的にいえば、銅鼓を持つ者はその村の人びとから高い尊敬を受けている。しかし、なぜ銅鼓の演奏が特別な時期にのみ行われるのか、なぜ銅鼓を所有する者が相当な社会的地位を持つのか、といった質問を地元の人にしても、納得のいく答えは得られない。

　またヤオ族民謡の調査結果を見ると、広西チワン族自治区金秀大瑶山の盤ヤオ族や山子ヤオ族、雲南省河口ヤオ族自治県の紅頭ヤオ族や藍靛ヤオ族、金平ミャオ族タイ族ヤオ族自治県の尖頭ヤオ族、西双版納勐臘県の頂板ヤオ族、貴州省荔波県の青衣ヤオ族、およびベトナム・ラオカイ省の紅ザオ族や黒ザオ族においては、それぞれの特徴を持つ民謡の歌唱法が伝承されている。そして中国ヤオ族の場合には、村の人びとは自分の家に保存してある民謡の歌詞本を見ながら民謡を歌うこと〈写真2〉があるが、ベトナム・ザオ族の場合には、人

びとは歌詞本がなくとも多くの民謡を歌えることが注目される。つまり、漢字の通用する環境で生活している中国ヤオ族は、漢字で書かれた民謡の歌詞本によって自民族の民謡を伝承することがあるのに対して、ベトナムのザオ族は漢字の用いられる中国社会から離れベトナム語通用の環境に生活しているので、主に口頭伝承の形で自民族の民謡を

写真2　漢字で書かれた歌詞を持つ雲南省河口ヤオ族自治県南渓鎮紅ヤオ族の歌唱者李秀英（1945年生まれ）
（2000年8月29日、著者撮影）

伝承せざるを得ないと考えられる。しかし、歌詞本の有無にかかわらず、歌詞の組み合わせや歌詞と音律の関係、および民謡と漢詩の関係などをヤオ族の人びとに質問しても、論理的な答えは得られない。

　そこで、私はヤオ族の長鼓と銅鼓の伝承過程や民謡の伝承方法、および現代ヤオ族の社会に残されている打楽器の演奏あるいは民謡の歌唱などの伝統性を分析するために、私自身のこれまでの音楽史研究者としての経験を最大限に活用して、歴史文献や地方志などを吟味し、現代ヤオ族の演奏と歌唱の習慣などを検討することを本研究のもう1つの目的としたい。

　本研究の方法としては、フィールドワークによって得られたデータと文献資料の研究結果を結び付けた総合的な考察を目指す。このような方法は、少数民族音楽文化の研究に対して重要な意義を持つものと思われる。それによって、ヤオ族を中心とする中国南部少数民族の音楽文化の歴史と現状を把握し、その音楽文化の形式や伝播の過程を明らかにすると同時に、それらと現在ベトナム北部に住むザオ族の音楽文化とのつながりや異同を究明するものである。

　また、本研究は歴史学（音楽史学）的研究および文化人類学（民族音楽学）的研究を融合する方法をとっているので、この研究の実践と成果は、必ずや将来の同類の研究に大きな影響を与え、範例を提供するに違いない。本研究は単なる少数民族音楽の現状についての調査記録にとどまらず、音楽と社会、文

化、および自然との関わりについても言及するものである。

　また、現地調査で得られるヤオ族音楽文化に関するデータが限られているので、研究を深く進めていくためには、ヤオ族音楽文化に関わる周縁への調査・研究も重要であると思われる。たとえば、漢族の伝統音楽を研究する場合には、昔から伝わってきた「琵琶譜」や「琴譜」、および「工尺譜」に記録された曲を分析することにより、過去の音楽状況などをある程度知ることができるが、ヤオ族は漢族のような伝統的な楽譜を持っておらず、主に口頭伝承の形で自民族の音楽文化を伝承しているので、ヤオ族の音楽を研究する場合には民謡や楽器を演奏する時に出した音を記録するという作業、つまり民族音楽を楽譜に再現するという採譜の作業が欠かせない。

　また、五線譜を用いて西洋音楽とまったく異なるヤオ族音楽を記録する際には、自由なリズムや微妙な音程変化を持つヤオ族民謡を、どのように記譜することが望ましいかなどについて問題が残される。現地調査の結果を見ると、ヤオ族の社会には民族風俗や伝統行事などに関する文字資料はある程度残されているものの、音楽文化に関する文字資料は非常に限られているため、音楽文化の伝承状況などを明らかにするためには、できるだけ多方面の資料を参照しつつ分析することが基本的な作業となる。それゆえ、本研究のもう1つの研究方法としては、ヤオ族音楽に関わる周縁への調査・研究を行い、ヤオ族音楽を記録する際に生じる諸問題、ヤオ族音楽に関する歴史文献や地方志、および現代人により書かれた専門書の参考価値などについても論述したい。

# 第 2 章
## 従来の研究

　ヤオ族を中心とする中国南部少数民族の音楽文化に関する総合研究や、他民族の音楽文化を受け入れてからの文化触変（acculturation）といった観点からの比較研究は、従来十分になされてこなかった。特に地域および国境を越えて、昔から移住生活を習慣としてきたヤオ族の音楽文化の伝承などに関する比較検討は、従来ほとんど行われていなかった。数少ない過去の研究は、本書において論述の対象とするヤオ族音楽文化を直接扱ってはいないものの、これらの研究を分析することによって、研究上の問題点を発見し、ヤオ族の言語文化の研究に参考とすることができるのではないかと思われる。さらに本書では、ヤオ族音楽文化に関して従来の研究が言及していないところをできるだけ補述し、ヤオ族音楽文化の解明に寄与することを期すものである。

　私の知る限り、従来のヤオ族音楽文化に関する論述としては、1993年に出版された杜亜雄編著の『中国各少数民族民間音楽概述』、1998年に出版された袁炳昌主編の『中国少数民族音楽史（上）』が挙げられる。

　『中国各少数民族民間音楽概述』においては、第4章の「瑶族民間音楽」という節で、主にヤオ族の民謡、民間器楽、民間歌舞が紹介されているが、主として音楽的側面からヤオ族の音楽形式を部分的かつ簡単にまとめたものである。そして、論述の対象となるヤオ族は、主に広西チワン族自治区桂平地区の平地ヤオ族や広東省北部の過山ヤオ族である。ここでは各グループのヤオ族民謡の脈絡変換やヤオ族器楽および歌舞の伝承状況などについては述べられてい

ない。
　『中国少数民族音楽史』(上編)では、第17章の「瑶族音楽史」という節において、主に古代から現代に至るまでのヤオ族の民謡、楽器、宗教歌舞について述べられているが、ヤオ族音楽文化についての歴史学的な観点からの考察は、十分になされているとは言い難いように思う。その原因は、時代を分けてヤオ族音楽を扱うという意図を持っているにもかかわらず、歴史文献や地方志に見られるヤオ族音楽文化に関する記述に十分な配慮が払われていないためと思われる。たとえば、『中国少数民族音楽史』の「瑶族音楽史」第2節のヤオ族の民謡に関する記述では、618年以前のヤオ族民謡として列挙された中に、広西チワン族自治区金秀大瑶山に居住しているヤオ族の〈采茶歌〉〈刺繍歌〉などが挙げられているが、私が金秀大瑶山の現地調査で得た5つのヤオ族集団の移住状況に関するデータによると、現在金秀大瑶山に居住している茶山ヤオ族、盤ヤオ族、花藍ヤオ族、山子ヤオ族、および坳ヤオ族は、少なくとも15世紀の明代以後に、次々と湖南、貴州一帯から金秀大瑶山に移住したものであることがわかる。唐代以前に金秀大瑶山にどのような民族が住んでいたのかはまだ判明していないので、今の段階において金秀大瑶山ヤオ族の〈采茶歌〉などを618年以前のヤオ族民謡に分類することは、説得力に欠けると思われる。
　音楽学者によるヤオ族音楽文化研究に関する従来の著作としては、1987年に出版された中国芸術研究院音楽研究所主編の『瑶族民歌』が挙げられる。本書は、何芸、伍国棟、喬建中の3名の音楽研究者が、1982年4月から6月までの間に、広西チワン族自治区、湖南省、広東省という3つの省区分割界の近辺に居住している排ヤオ族や平地ヤオ族などを調査の対象として、その辺りに伝承されているヤオ族の音楽を調べた結果をまとめたものである。彼らは現地調査に基づいてヤオ族民謡の分布や民謡の形式、および民謡の特徴などを考察しており、当地の社会史や生活風俗と結び付けて理解するという研究方法に注意を払っているが、排ヤオ族や平地ヤオ族などの民謡についての具体的な記述は、やはり音楽的側面からの民謡の構造や音程関係などについての分析にとどまっており、民謡の伝承状況や民謡の脈絡変換などについての研究は十分ではない。これは中国音楽学研究者に共通する研究上の傾向であるということが

できるだろう。その主な原因として次の点が考えられる。すなわち、中国音楽学の専門課程は主に音楽学院に設置されており、音楽学を学ぶ学生は西洋音楽の理論と実技の教育を受けて、作曲専攻の学生と共に音楽作品の分析法や対位法、および和声法などの科目単位を取ることが必要なのである。つまり、中国の音楽学課程の教育内容は、西洋音楽の知識の習得に重点を置き、音楽そのものの研究を重視するものであるといってよい。その結果、中国の音楽学者の研究には音楽の特徴などを分析する傾向が顕著となるのである。

　ベトナムの場合は、ベトナム北部が古代以来漢字文化圏に属していたため、中国系ベトナム人としてのザオ族音楽文化の伝承状況や移民生活にともなう文化触変などを研究する際には、漢文で書かれたベトナムの文献、特に中国ヤオ族がベトナムに移住した時期に近い時代に書かれた漢文文献を参照することが必要となる。しかし、私の知る限りでは、18世紀以後に完成した通史である『大越史記全書』、阮朝の正史に当たる『大南寔録』、および阮朝の制度を記す『大南会典事例』などの文献には、ザオ族音楽文化の状況などについての記述はほとんど見いだせない。そのため、中国系ベトナム人ザオ族の音楽文化の研究は、自分なりのフィールドワークで得られたデータと現代人によって書かれたベトナム・ザオ族の音楽文化に関する文献を参照することがもっとも適切であると思われる。

　現在わかっている限りでは、従来の中国系ベトナム人ザオ族の音楽文化に関する研究は、中国に比べるとかなり少ないものの、1998年に出版されたベトナム社会人文科学国家センター編の"The cultural and social development of the Yao: The present and the future"がまず挙げられる。これはベトナム北部の各地区に居住しているザオ族を研究の対象とし、彼らの歴史や伝統文化、および年中行事などについて論述したものであり、ベトナム・ザオ族の音楽文化に関する論述としては、Lê Ngọc Canh の「ザオ族の音楽と舞踊の文化価値」、Xuân Mai の「ラオカイ・ザオ族（Dao Ho）の葬式の儀礼舞踊について」の2篇が収められている。この2篇の文章では、ザオ族の音楽と舞踊の伝承状況や中国から伝わってきたかどうかなどについて、歴史学的な観点からの考察はなされていない。

　他には1989年に出版された桜井由躬雄編の『もっと知りたいベトナム』が

挙げられる。本書は主にベトナムの歴史や戦後のベトナムの政治と経済、およびベトナムの伝統文化などについて述べたものである。本書のいくつかの部分は、ベトナムを「もっと知る」というより、ベトナムでの調査を通じてベトナムを「新しく知った」人びとの記録でもある。そのうち種瀬陽子と桜井由躬雄の共同により書かれた「新しい酒を古い皮袋に──ベトナムの音楽」という章は、主にベトナム伝統音楽の紹介が中心であり、少数民族の音楽についてはあまり言及されておらず、ベトナム伝統音楽の伝承状況や社会との関わりについても詳細には述べられていないが、たとえわずかでも、ここに示されたベトナム北部の銅鼓や民謡に関する記述は、本書のヤオ族銅鼓と民謡の研究に参考になると思われる。

　以上に述べた従来のヤオ族音楽文化に関する研究を見ると、中国とベトナムのいずれにおいても、いくつかのヤオ族音楽文化の研究に関する文章はあるが、音楽史学と民族音楽学を結び付けた研究はなされてこなかったこと、ヤオ族音楽と社会、文化、および自然との関わりについての考察は、従来の研究ではあまり扱われてこなかったことがわかる。さらに、中越国境近辺のヤオ族音楽文化に関する比較研究や中国南部各グループのヤオ族音楽文化の脈絡変換などについての考察は空白の状態である。それゆえ、本研究では従来の研究があまり重視していなかった研究領域に重点を置き、ヤオ族の音楽文化に対する視点を違った角度に置いて研究を進めていこうとするものである。ただし、現段階では私の手元にあるベトナム・ザオ族音楽に関する資料は中国のものよりも少ないため、ベトナム・ザオ族音楽文化に対する本格的な研究は将来の課題とせざるを得ない。そこで本書では、中国南部ヤオ族の音楽文化の研究を中心とし、ベトナム・ザオ族の音楽文化については、中国ヤオ族との比較検討という点から若干扱うにとどめたい。

# 第 II 部

ヤオ族音楽研究における周縁へのまなざし

# 第3章
# ヤオ族音楽記録に関わる記譜問題について

　本章ではヤオ族音楽の研究に関する重要な作業の1つである記譜について、主に民族音楽学で問題とされている諸問題を検討しながら、ヤオ族音楽の記譜問題の論述を試みる。特に、各グループヤオ族の地区に口頭伝承の方法で伝承されている民謡や器楽をどのように記譜するかということを重点的に検討する。次にそれぞれの論述の具体的な内容について述べる。

## 1. 民族音楽の記譜概念

　記譜または採譜（transcription）とは、音符などの一定の記号あるいは図表などを用いて、音楽の形態を科学的な意図を持って書き留めることである。一口に記譜といっても、さまざまな記譜方法がある。音楽を記述する方法としては、記号による記述や数学的記述、および言語的記述などに分類することができる。その中で、記号による記述は人の聞く能力を直接に借用し、特定の人為的な記号の表記体系を用いて、音楽を記述するものである。普通「記譜」あるいは「採譜」というものは、ほとんどこれを指している。私がヤオ族を中心とする少数民族の演奏現場で音楽を記述する作業にあたるのは、まさに採譜の作業であると認識することができる。
　民族音楽学研究において、記譜はいつでも極めて重要な問題となっている。

というのも、各民族各地区の音楽の中には、それぞれの時期に相応しい各種類の独自の記譜方法を使用していたからである。それらの記譜方法は多種多様でかつ音楽の表現も豊富であるが、そのような各種類の記譜方法を全面的に分析せず、また各記譜方法を深く認識していないうちに、ヤオ族などの少数民族音楽の研究にとって不可欠な記譜方法を十分に評論するわけにはいかない。

民族音楽学の立場から見ると、録音技術の発展にともなって、記譜史の中で1つの変化の段階があると見られる。録音技術の発明とそれが普及した時代以後、多くのフィールドワークに出かける調査者たちは、生音楽の演奏現場で記譜の技術をすぐに応用することが必要であるかどうかという疑問を持ち始めた。しかしながら、筆者がヤオ族音楽の演奏現場で採譜してできた楽譜の場合、村の人びとの歌唱や演奏の動作などを記憶する助けになるという効能を持つことに加えて、ヤオ族音楽を詳細に分析するための手段となり、各地域に居住しているヤオ族音楽を比較研究しながら深く学ぶ方法という効能をも持っていると考えられる。我々が少数民族の音楽文化を認識して理解するには、物理的なもので、音楽のすべての内容を定量的に測定するという作業も必要であろうが、音楽音響に反映されたある種類の少数民族音楽文化の中で、人びとに対してもっとも重要な意義を持つものを解釈することが、極めて重要なのであると思う。

つまり、物理的電子機械による測定にしろ、人の感覚を手掛かりとしたデータの解釈が必要である。その記譜の記述法は、各地域に生きているヤオ族音楽を記述するもっとも基本的な方法の1つとして、特にある特定の文化背景を持つ少数民族の音楽を記述するためには、さらに欠くことのできない方法であると考える。

## 2. 民族音楽の記譜様式

記述的な記譜様式についていえば、まず、記譜者はある民間現場の音楽演奏について、そこで出た実際の音響を報告し、それらの音声の特徴と細かい点について説明している。また、記譜者（ほとんどの場合には調査者本人）は、民間の

音楽を記録する時に、その音楽の形態の特徴、および文化環境で音楽が用いられる脈絡なども分析する作業が必要であると思う。また、演奏されている曲のメロディーを記録するだけではなく、演奏者が曲を演奏する時に、聴く人の表情や演奏者の体の動きをも楽譜の中に記録すれば、研究対象となるヤオ族の民間音楽を分析する時に重要な参考価値を持つと考える。

規範的な記譜様式について言えば、この記譜法とは、作曲家が自分の音楽思想を表すために採用している記譜様式である。記譜しようとする人は、ある楽曲に対して、どのような音声を出すべきであるかを、自分で作った楽譜の中で演奏者に指示している。一般的に言えば、音楽知識を持つ演奏者はその楽譜の中に表示されている各音の音の高さやリズムの特徴などを認識している。作曲者と演奏者は、特別な音楽訓練を経ていて、その楽譜の中にある各種類の符号の意味については、お互いに共通の認識を持っている。

しかし、筆者はヤオ族の音楽を調査していた時に、ヤオ族のあるソナ演奏者〈写真3〉が自分で演奏した曲をもう1回演奏する時に、微妙なメロディーの変化をつけているように感じた。つまり、ヤオ族の中年ソナ演奏者は、特別な音楽訓練を受けることなく、以前から村の老人のソナ演奏を聞いて、自分でメロディーを覚えてから、現在までソナ曲を演奏しているようだ。彼らには楽譜があってもなくても自民族の伝統音楽を伝承することができる。そこでたとえば、作曲者が規範的な記譜法でりっぱなヤオ族のソナ曲を作っても、音楽知識をあまり持っていないヤオ族の演奏者には、ソナ曲譜の効能を十分に発揮することができないと筆者は考える。

写真3 嗩吶を演奏する雲南省河口ヤオ族自治県南溪鎮紅ヤオ族の演奏者趙金進
（1940年生まれ）
（2000年8月29日、著者撮影）

規範的な記譜と記述的な記譜は、どちらも音楽作品を記録する方法であるが、記譜の目的としては両者の間に大きな違いがある。規範的な記譜の目的は、楽譜

に表示された各種類の符号を通して、作曲者の心の中にイメージした音楽形象をできるだけ演奏者に伝えること、また音楽作品の演奏者がその楽譜の中に表示されている音楽形象を聴く人に向けて表現することである。このような記譜法は音楽知識を持つ演奏者にのみ効果をあげる。規範的な記譜というものは、ある程度作曲家が自分でイメージした音楽形象を演奏者、ないし聴く人に伝えている架け橋にほかならない。一方、記述的な記譜の目的は、少数民族の地区でフィールドワークを行う時に、村人の民謡の歌唱や楽器演奏の状況などを自分なりの記録符号を通して記録し、少数民族の音楽を楽譜に再現するものであると思う。

　科学の進歩にともなって、録音機械で現場の歌唱の声や楽器の演奏を録音し、都市の音楽研究室に持ち帰って、その録音した音楽を整理して楽譜の形で少数民族の音楽を再現する方法も可能になってきたが、現実には、現場の民謡の歌唱や音楽演奏の様子はさまざまである。たとえば、ヤオ族の二声の歌唱法で民謡を歌う時に、男性歌唱者の場合は、裏声で歌唱の音を高くしたり低くしたりして、女性歌唱者と一緒に民謡を歌うこともあるが、ただ録音機械でその二声の歌唱法で歌われる民謡の音声を録音しても、男女の声が分けにくいということもある。それゆえに、その音楽現場の状況に応じて、我々はヤオ族音楽の音響資料を正確に収集するために、録音機械を使う以外には、音楽演奏の現場において、記述的な記譜法で当時のヤオ族音楽演奏のありさまなどを詳細に記録することが重要であると考える。

## 3. 民族音楽の記譜に関する検討

　各種の音楽様式に適した記譜方法を作るために、世界の民族音楽学者たちは、たゆまない努力をしていくつかの新しい記譜方法を工夫した。たとえば、西洋の五線譜を基礎として作り出した一種の新記譜法、つまり数学的な図で音楽を記録するものがある。この記譜法は縦に音の高さの高低周波数を記録し、横に音の長さを記録している。また、この記譜法には音符の彩りでそれぞれの楽器の音色を代表させることもある。このような記譜方法は音の高さと長さ、および音色などの音楽の基本的な要素を考慮しているが、固定的なリズムの構

造をとらえていないし、その音楽のありさまを一枚の紙図表の中に凝固させていることから、たとえ一面においては優れた記譜法であったとしても、次のような大きな欠点がある。自由なリズムを持ち、装飾音が多いヤオ族の民謡を記録する時に困難であること、すなわち、この楽譜から音楽の生き生きとした姿を思い浮かべることが、極めて難しいということである。記譜法にはさまざまな試みがあったが、完璧な記譜法というものはあり得ないのである。結局音楽の何をとらえるかという目的の違いによって記譜法を使い分けるほかないと思う。それでは、民族音楽の記譜をどのように見るかを次のように考えてみたい。

　民族音楽学の立場から見ると、記譜は巨視的および微視的に見ることができる。巨視的に見ると、記譜は人類音楽現象を記録するものであり、微視的に見ると、記譜は固有の地域文化環境の中の音楽現象を記録するものであると考える。ある記譜が正しいかどうかを判断しようとする場合には、その記譜あるいは採譜が記録された音楽現象を、どの程度正確かつ全面的に反映しているのかが問題となっている。しかしながら、記譜者たちの音声に対する感覚や音楽活動の背景に関する認識の程度などが違っているので、1つの同じ音楽についても、さまざまな記譜の仕方が生じるはずだと思われる。もしヤオ族音楽調査者の採譜により記録された音楽が村の人びとに認められたとすれば、実際にはそれぞれのヤオ族集団、それぞれのヤオ族の地域の人びとに認知される記譜方法を作ることもできる。さらにそれらの採譜活動を通して、その地域のヤオ族の文化精神をある程度理解することができると思われる。

　また、我々がフィールドワークで得られた口頭伝承のヤオ族音楽資料を記述する時にも、よく使用されている記譜法はやはり符号の描写法というものである。その符号の描写法、すなわち記譜という方法はやはり採譜のことである。ヤオ族音楽調査者にとって、記譜という手段は、現在ヤオ族の社会に生きている音楽、つまり口頭伝承の音楽を楽譜の形に保存する上でもっとも重要な方法である。今日では、我々は中国南部の地区およびベトナム北部の地区に伝承されているヤオの音楽文化に対して、記譜以外にも、録音技術と録画技術を用いた方法でヤオ族の音楽資料を保存することができる。問題というのは、それらの音楽資料に見られる音楽の構造を分析したり、またそれらの音楽の特徴も比較しようとする場合には、その録音された各グループのヤオ族音楽資料を楽

譜の形で見られるようにすることも必要であると思われる。

　それはつまり、一般的にいえば、西洋の五線譜の記譜方法で各民族の音楽を記録することが普通である。ただし、いうまでもないが、このような五線譜で、各民族の住む地区で持っている特有な音楽様式を記譜する方法が、完璧なものだというわけではない。たとえば、中国伝統音楽の拍子組織の中にある「散板」(sanban、自由なリズムを持つ構造）と相似するリズムを有するヤオ族のソナ曲、ヤオ族独特の装飾音が多い特別な歌唱法で歌われる民謡のメロディーを記録する場合には、西洋の五線譜で、そのような「散板」のソナ曲および民謡を正確に記譜することは困難である。各音程の間に五線譜で十二平均律以外の音を定量的に記録することは適切ではないからである。ないし中国伝統劇場音楽（京劇など）の中にある、中国でいえば「緊打慢唱」(jinda-manchang、伴奏のリズムが速いパターンと声楽のリズムがゆっくりとしているパターンを組み合わせたもの）という拍子組織に対して、五線譜でその特有な拍子組織を記録することは一層困難になるということである。

　それゆえに、西洋の五線譜でヤオ族などの音楽を記譜する時に現れた問題を解決するために、西洋の五線譜の記譜方法で記録された、東洋のヤオ族などの地区に伝承していた音楽の楽譜形式をある程度修正する必要があると考える。なぜかというと現在、私たちが五線譜という世界で適用している記譜方法に慣れているからである。しかし、ヤオ族音楽文化の研究は、将来、西洋の五線譜の記譜方法と東洋の民族の記譜方法とを結び付けた、新しい記譜方法の工夫が必要であると思われる。

　民族音楽学の立場から見れば、記譜は実際の音楽行為を記述する方法である。このような記述方法は今日の状況と合わせてみると、技術上の改善が必要である。しかし、私たちは記譜に対して明確な態度を持つことがもっとも重要である。ヤオ族音楽調査者に対して、自分の研究の目的を達成するために、さまざまな記譜方法と手段を用いることが許されるべきである。ヤオ族音楽の記譜について考えることは、「理想的な記譜法」というものを夢見させている。しかし、だからといって、こうした記譜法を生み出すこと自体が目的ではないのは、いうまでもない。当然、ヤオ族音楽の内実を探るということが目的なのであって、記譜法の探求はその研究の手段なのであると考える。

# 第4章 ヤオ族音楽研究に関わる周辺資料の調査

・・・

　ヤオ族音楽文化の研究に関連する周辺資料の調査を行うことは、本研究における基本的な作業の1つと位置づけられる。それは主として以下のような理由による。従来の中国音楽文化の研究状況を振り返ると、漢民族の音楽文化についての研究が、少数民族の音楽文化の研究よりも圧倒的に多かったという事実があるからである。漢族の音楽研究者は自民族の音楽文化を研究する際に、何を考えているか、あるいは彼らは漢族の音楽が中国音楽史において重要な位置を占めることを強調しているか、さらにヤオ族など少数民族の音楽に対する彼らの認識は漢族の音楽に対するのと同様であるか、などについて調べる必要がある。また現代ヤオ族社会に伝承されている音楽文化の過去における状況などを考察するために、歴史文献や地方志に記された昔の中国南部少数民族の音楽活動、宗教儀礼などの状況を調べることも必要である。それゆえ、ヤオ族音楽文化の研究領域を拡大し、複数の角度からヤオ族音楽文化について論述するために、ヤオ族音楽文化の研究に関連する周辺資料の調査も重要となる。

　現在、目にすることのできる中国およびベトナムの少数民族音楽文化に関する文献資料や音響資料、および映像資料からは触発されることが多い。研究を単に机上の空論とさせないためにも、それらの資料を批判的に吟味して論述すると同時に、一見相互に関連のないこれらの資料の間に理論的なつながりを見いだし、ヤオ族音楽文化研究の方法論に関わる問題領域を整理することを試みたいと思う。私が中国南部地域およびベトナム北部地域において、ヤオ族を中

心とした少数民族の音楽文化の調査を行おうと思ったのは、私自身が音楽を演奏する現場で得たデータと文献資料の研究とを、有機的に関連づけたいと考えたからにほかならない。

　その第1は、いわゆる音楽史学であり、私自身がすでにこれまで、ある程度従事してきた領域である。しかし、私が目下もっとも関心を寄せているのは、もう1つの領域、すなわち一般に民族音楽学と呼ばれているフィールドワークを中心とする研究領域である。これら2つの研究領域は、一方は研究者が自身の生きている時代とは異なる時代について研究するもので、他方は研究者が自身の生きている文化それ自体（自文化）やそれとは異なる文化の音楽活動の現場に身を置くものである。そこには、方法論上で共通する問題領域がいくつか存在しているように思えるのである。私が現在までに目にしたヤオ族音楽文化の研究に関する周辺資料の主なものは、以下のとおりである。

## 1. 文献資料について

　中国には56の民族が存在し、それぞれの民族が居住する地域環境や生活習慣などの違いによって、それぞれの民族独自の地域的音楽文化が伝承されてきた。このような民族的多様性にもかかわらず、一般的にいえば、中国においては漢族の音楽文化を研究する研究者の方が少数民族の音楽文化を研究する研究者よりも多かったため、これまで自民族を中心とした研究の傾向が圧倒的に強かったといえる。しかも、漢族は中国においてもっとも人口が多い民族であるため、国家の政治、経済などの面において主導的であった宮廷などの中心部分にのみ注目しがちな研究であり、地方的な広がりへの配慮が十分になされてきたとはいえない。その意味では、中国における音楽研究のバランスを取るために、漢族出身の研究者も、自国に居住する少数民族の音楽文化を研究することが重要であると思われる。

　本節では、主に漢族の地方音楽の研究史について論述する。特に1998年に中国で出版された喬建中（中国国立芸術研究院音楽研究所所長）の『土地与歌』という著作を紹介、分析すると同時に、漢族の民謡とヤオ族の民謡との関連性

について言及する。

　漢族による漢族の地方音楽文化に関する本格的な調査、研究は 1920 年代に始まった。1927 年に設立された「国楽改進社」と 1937 年に設立された「延安歌謡研究会」は、中華人民共和国の建国（1949 年 10 月）以前におけるもっとも重要な漢族伝統音楽の研究グループであった。歌謡研究会のメンバーであった冼星海による「歌謡と新興音楽」（1940 年）、および呂驥による「中国民間音楽研究提要」（1948 年）は、当時のもっとも重要な研究論文である。1950 年代には、フィールドワークの成果に基づいた《河北歌謡集》（1951 年）や《上海民間器楽集》（1958 年）などが、漢族の伝統音楽の保存、演奏のために出版された。郭乃安主編の『民族音楽概論』（1964 年）は、漢族の伝統音楽の歴史的変遷、伝承状況、芸術的特徴などを概括的に述べたもので、漢族の伝統音楽の理論について系統的に論述した著作である。江明惇の『漢族民歌概論』（1982 年）、および袁静芳の『民族器楽』（1987 年）は、特定の音楽ジャンルについて集中してまとめた研究であり、それぞれ主として民謡の音楽的構造と特徴、楽器の歴史と奏法および器楽曲の分析などを扱っているが、音楽そのものの形成と伝播の過程において人間社会と自然環境がどのように関わったか、漢族の伝統音楽文化と少数民族の音楽文化との関係などについては触れられていない。このような流れにあって、喬建中の『土地与歌』（1998 年）は、前述した中国芸術研究院音楽研究所編の『瑶族民謡』（1987 年）に見られる音楽分析を中心とした従来の中国音楽研究における傾向とは異なり、新たに地域音楽文化研究の視点から漢族の居住する各地域に特有な地理的環境と音楽との関係を詳細に分析し、音楽の起源および音楽と自然界との関わりを考察した点でとてもユニークである。この『土地与歌』は、喬氏の長年にわたるフィールドワークの経験、および 1998 年以後に発表した多くの論文を基にまとめたものであり、漢族が広大な地域的広がりの中で示す地方的な差異を可能な限りカバーしようとする意図が感じられる。

　『土地与歌』は、喬建中が 1982 年から 1998 年にかけて発表した論文、調査報告など 23 篇の文章から構成されるものである。それらのうち「漢族山歌研究」などの論文は、喬氏の豊富なフィールドワークの経験に基づいてまとめられた論考であり、ヤオ族音楽文化の研究にも大いに参考になる。

喬建中の「漢族山歌研究」では、まず唐宋時代の歴史的資料に基づいて「山歌」（shange）という術語の起源について検討している。喬氏は 8 世紀ごろの中唐の詩人たちの詩句にある「山歌」という語、および明清時代の中国南部に流行した、唐代中宗皇帝年間の歌手である劉三妹の物語から、「山歌」という名称がすでに中唐において用いられていたと推測している。すなわち喬氏は、従来の文化中心指向的な歴史研究とはやや異なる歴史学的な方法を重視しているのである。漢族の民謡の起源については、歴史資料に見られる記載を根拠として調べることができるが、ヤオ族の民謡の伝承状況などの研究においても、漢族民謡の研究と同様に歴史文献や地方志の記載に基づいて考察することが可能である。漢族の「山歌」の起源は、山地のような広大な自然環境において人びとが農業や林業などに従事するうちに、高い声と自由なリズムによる表現で歌い手の感情などを歌唱として表したものと解釈できよう。ところで、私は主に中越国境に位置する山地に居住する紅頭ヤオ族の民謡を調査した折りに、村の人びとが彼らの民謡を「Baozhong」と呼んでいることを知った。つまり、漢族の「山歌」は漢族民謡の一種で主に山地で歌われるものであるが、同じく山地で労働と生活をしているヤオ族は「山歌」という名称を採用せず、「Baozhong」という言葉で彼らの民謡を呼んでいるのである。同様に山地で歌われている民謡であるにもかかわらず、漢族とヤオ族とでは民謡に対する認識が同一ではないことが注目される。本書においては、喬氏の漢族民謡に対する研究成果を参照しつつ、現在なお伝承されているヤオ族音楽について、歴史学と民族音楽学を結び付けて考察することにより、民族音楽学的研究の領域を拡大する可能性を示したいと思う。

続いて喬氏は、「山歌」の分布について論述している。それによると、漢族の「山歌」は主に黄河、長江、珠江の三大河川流域の山地、高原、丘陵地、および湖沼地域に分布している。また、上流域に行くほどに歌の種類が増え、歌を歌うことが盛んになる傾向がある。北方「山歌」の代表的な種類である「信天游」（xintianyou）は、主に黄河中流域の黄土高原に流行し、南方「山歌」の一種である「田秧歌」（tianyangge）は、主に江漢平原に流行しているという。ここで喬氏は、自然の地理的環境から「山歌」の分布地域について分析し、山地や湖沼、および山河の入り交じった地帯など特定の地域環境から離れ

ると、「山歌」の存在を保証する自然環境もなくなると主張している。このような地理学的な視点から「山歌」の分布状況について考察すると、「山歌」は、交通が不便で地域の文化や経済の中心から離れ、生活水準が低く部族社会の遺風をいまだに残している地域において、もっとも流行しているということが確認できる。ヤオ族も山地に居住する民族であり、多くの民謡の題材が山地の自然環境に関わるものである。また、ヤオ族の村は都市から遠く離れ、彼らの村同士も互いに比較的離れて存在しており、経済や生活の水準も低いため、原始的で純朴な味わいを残す民謡が少なくない。漢族であれヤオ族であれ、経済が発達した地域から離れた交通が不便な山地に居住する人びとは、外の世界（経済や文化などが発達している地域）との交流が困難であり、音楽教育や新しい音楽に触れる機会が少ないため、昔から伝承されてきた簡単な音の構造を持つ民謡を大切に歌い継ぎ、次代に伝承していると考えられる。

## 2. 音響資料について

　研究においては、音楽が演奏される場および専門家から得られた種々の情報および音響資料を分析、批判しつつ、私自身の音楽史学的な研究と照合しながら、ヤオ族音楽文化の歴史と現状を考察するものである。本節では、1997年にフランスで発売されたベトナム少数民族の音楽に関するCD "Vietnam: musiques des montagnards"、1996年に台湾で発売されたCD《土地与歌》、1992年に日本で発売されたCD《世界民族音楽大集成》、および1995年に日本で発売されたCD《フィールドワーカーによる音の民族誌——地球の音楽全集》の4種の音響資料について論述する。それらがヤオ族音楽文化の研究に対して、どのような参考価値を持つかについて考えてみたい。

　ベトナムには公式に認められているだけでも54の民族が存在する。その中でキン（京）族はもっとも人口が多い民族であり、ベトナムの社会において中国の漢族と同じような地位を占めている。現在、ベトナム伝統音楽の研究としては、キン族の音楽、とりわけベトナム中部の古都フエにおける宮廷音楽の伝承状況に関するものが多く見られるが、ベトナムに居住する少数民族、こと

に中国とベトナムの両国にまたがって分布する少数民族の音楽文化に対する調査、研究は、いまだあまり手付かずの分野となっている。

2枚組のCD "Vietnam: musiques des montagnards" は、フランス人を中心とするヨーロッパ人6名（Anne de Hautecloque、Georges Condominas、Geneviève Thibault de Chambure、Jacques Dournes、Pribislav Pitoëff、R. P. Boutary）およびベトナム人1名（Tô Ngọc Thanh）が、それぞれ個別に1958年から1997年にかけて、ベトナムの少数民族の音楽を録音した音響資料に基づいて制作されたものである。このCDに収録されたベトナム少数民族の音楽は、主にベトナム中部の山地に住む6つの民族とベトナム北部の山地に住む9つの民族の音楽である。DISC1に収録された中部山地民族の音楽は、主に1958年から1966年にかけて、DISC2に収録された北部山地民族の音楽は、主に1996年から1997年にかけて録音されたものである。CDに添えられたフランス語および英語による解説は、CDに収められた音楽に関する情報を提供するものであると同時に、ベトナム少数民族の音楽文化に対するヨーロッパ人研究者の考えをも示すものである。このCDに収録された北部山地民族の音楽は、ヤオ族を含むベトナム北部の少数民族音楽文化の研究にとって極めて大きな参考価値を有する音響資料である。

Georges Condominas が書いた解説文1においては、ベトナムの少数民族が用いる言語の特徴が、彼らの民謡の形成と深く結び付いていることも言及している。しかし、残念なことにベトナム北部に居住するザオ族については、47万（1989年の統計）を超える比較的多数の人口を有する民族であるにもかかわらず、彼らの言語と民謡の関係について述べられていない。私はベトナム北部のザオ族居住地域において現地調査を行った際、ラオカイ省のサパ県に居住する紅ザオ族とバオタン県に居住する黒ザオ族とでは、発音が大いに異なるため互いに言葉が通じないことを知った。それとともに、紅ザオ族と黒ザオ族それぞれの民謡の特徴や歌唱法も異なることがわかった。ところが、黒ザオ族の民謡の歌詞を記した冊子を見ると、それは中国語により書かれているものであった。彼らは中国広西金秀大瑶山の盤ヤオ族と同様に、漢字によって書かれた民謡の歌詞を見ながら、自民族に特有の発音によって民謡を歌うことがわかる。それゆえ、昔の中国からベトナムに移住した黒ザオ族の民謡の歌唱方式を

見ると、現在のヤオ族の社会に存在する漢字で書かれた歌詞を見ながら自民族の民謡を歌唱する習慣は長い歴史を有することが推測される。

　中国南部の少数民族居住地域、および中国との国境に近い東南アジアにおいては、打楽器や管楽器による音楽がそれぞれの社会において重要な一部を占めている。これらの地域は山が多く、木や竹、銅などの資源が豊富である。このような地域環境ゆえに、木や竹、銅を素材として作られた打楽器や管楽器が多く見られる。DISC1 に収録されたベトナム中部山地民族の音楽は、主にマラヨ・ポリネシア語系のジャライ族、エデ族、チェル族、モン・クメール語系のバーナー族、マ族の音楽である。それらの内容は、ゴングとドラムの合奏、木琴、13弦楽器、リード楽器などによる独奏、および民謡の歌唱などである。DISC2 に収録されたベトナム北部山地民族の音楽は、主にチベット・ビルマ語系のハニ族、メオ・ザオ語系のザオ族、フモン族、タイ語系のヌン族、ルー族、ターイ族、ベト・ムオン語系のムオン族の音楽である。それらの内容は、民謡の歌唱、ハープや芦管による独奏、ゴング、竹製のフルート、弦楽器およびドラムによる合奏などである。

　しかし、今日のベトナムにおいては、実際にはこれらの CD に含まれない楽器も演奏されている。一例を挙げると、私はラオカイ省のサパ一帯に住む少数民族の音楽の伝承状況を調査した際に、サパ県の市場で商売を行っている紅ザオ族の娘たちが口琴を演奏して楽しんでいる様子をしばしば目にした。また、ハノイの文廟（孔子を祭った廟）では、キン族の娘たちが少数民族と同じように打楽器の合奏曲を演奏しているさまも目撃した〈写真4〉。この一帯で流行しているゴングの合奏や竹製打楽器による音楽は、東南アジアに属する国としてのベトナムの伝統音楽文化の特色を反映しているものではないかと思われる。

写真4　ベトナム・ハノイの文廟で演奏されるキン族の打楽器音楽
　　　（2000年9月4日、著者撮影）

また、1996年に台湾で発売された2枚組のCD《土地与歌》は、喬建中の監修により漢民族の民謡を収録している。これは、DISC1《土地と労働歌（laodongge）》41曲、およびDISC2《土地と情歌（qingge）》31曲から構成されている。これら72曲の漢族民謡は、1957年から1994年にかけて行われた、漢族が住む地域におけるフィールドワークにおいて録音された音響資料である。これらの民謡の分布地域については、DISC1に収録される民謡は主に黄河の上中流域のものであり、DISC2に収録される民謡は主に長江の上中流域のものである。これら72曲の民謡は、黄河および長江流域の漢族民謡とその分布地域の自然環境との関わりを反映するものである。

　72曲はその分布地域から、高原の歌、平原の歌などに大きく分けられ、さらに西北黄土高原の歌、江南水郷の歌などに細かく分けられる。これらの分け方は、民謡が分布する地域の地理環境の違いを根拠にしたものではないかと思われる。このCDの解説文の中で、中国の民族音楽学者蕭梅が、「土地には東西南北の方位があり、山水と高原の区別がある。ある特定の地理環境はそこに住む人びとの性格に影響し、その地域の民謡の特徴を形成する」と述べている。広大な中国では、北部と南部、平原と山地などによって地形や気候など自然環境に差異があるのみならず、言葉のアクセントや食生活の習慣、地域を特徴づける文化など多方面にわたって相違がはなはだしく、北部と南部など地域ごと、漢族やヤオ族など民族ごとにそれぞれ個性豊かな音楽文化が存在するのである。

　一方、1992年に日本で発売されたCDセット《世界民族音楽大集成》は、世界の各地に居住する民族の音楽を収録しているが、13枚目のCDに中国少数民族の音楽として収録されているのは、わずかにチベット族、朝鮮族、およびウイグル族の音楽のみである。14枚目に収録されているのは内モンゴルの音楽であり、12枚目に収録されている音楽は漢族とモンゴル族のものであって、ヤオ族を含む中国に居住するすべての少数民族の音楽が収録されているわけではない。また、1995年にビクターから発売されたCDセット《フィールドワーカーによる音の民族誌——地球の音楽全集》は、全部で80枚のCDから構成されているが、そのうち57枚目から62枚目にわたって収録された中国の音楽の中にも、ヤオ族の音楽は収録されていない。ただし、57枚目に収

録された「潮州大鑼鼓」（chaozhou-daluogu）や62枚目に収録された「腰鼓」（yaogu）の音楽は、ヤオ族の打楽器音楽の研究において比較対象として参考価値を有すると思われる。以上から、中国においてはヤオ族を含む南部の少数民族の音楽に関する調査、研究がまだ十分に展開していないため、海外の研究者が中国へ行っても、それらの民族の音楽に関する音響資料を入手することはなかなか困難であることがわかる。

## 3. 映像資料について

　映像資料は、現代社会に伝わる世界各地域の音楽の研究に対して、重要な参考価値を有する視覚的材料である。ヤオ族の伝統文化に関する映像資料には、会社や研究所によって制作されたものと、フィールドワーカーによって撮影されたものとがある。ここでは、主に会社や研究所によって制作されたヤオ族の音楽に関する映像資料について述べることとする。

　私の知る限りでは、中国で制作されたヤオ族の伝統文化に関する映像資料は多くない。そのうち、広州テレビ局および広東江門市対外文化交流協会が共同で撮影した広東省連南県の排ヤオ族の映像を基に、1998年に広州白天鵝音像有限公司が制作した『深山排瑶』というVCDは、さまざまな角度からヤオ族の伝統文化を紹介する貴重なものである。このVCDは、第1部（深山排瑶、収録時間10分）、第2部（深山排瑶、同12分）、および第3部（龍舟、同27分）から構成される。第1部（深山排瑶）では、ヤオ族の打楽器である長鼓や管楽器である牛角とソナの演奏、長鼓の踊りなどが数分間収録されているが、これらはヤオ族の音楽文化を専門に紹介することを目的としたものではなく、ヤオ族の伝統文化には音楽も含まれることを示すためのものであると考えられる。第2部（深山排瑶）では、排ヤオ族のもっとも重要な娯楽活動である「耍歌堂」（shuagetang——大規模な歌舞活動）を行う場面を見ることができる。この「耍歌堂」において歌われる排ヤオ族の民謡は、ヤオ族の各集団に伝わる民謡を比較研究する際に参考となる映像資料であると思われる。第3部（龍舟）にはヤオ族の伝統音楽は収録されていないものの、そこに収め

られた舟の競争などの伝統的な行事からは、彼らが日常生活や労働、および祭りを行う際において、互いに協力し合うことを重んじていることがわかる。このVCDのほかにも、各ヤオ族の居住する県のテレビ局が県内のヤオ族の伝統文化や祭りの様子を収録したものがあったが、撮影に用いたビデオカメラの性能に問題があったためか画面が鮮明でないものも少なくない。

　ベトナムにおける資料としては、ベトナム民族学博物館やハノイ音楽研究所、ハノイ民間文化研究所などの研究機関に、ベトナムに居住するザオ族の伝統文化に関する映像資料が何点か収蔵されている。それらは"Lễ cấp sắc của người Dao（ザオ族の成人儀礼）"、"Đám tang（葬儀）"、"Lễ phong sắc người Dao（ザオ族の出生儀礼）"などであるが、それに対してザオ族の音楽文化を収録する映像資料は多くない。ハノイ音楽研究所が1999年に制作した"Độc tấu hòa tấu nhạc cụ dân gian Việt Nam（ベトナム伝統楽器の独奏と合奏）"という2枚組のVCDは、主にベトナム北部山地民のソナ、ケーン、ゴング、竹笛、牛角などの伝統楽器の演奏を紹介するものであるが、ザオ族の楽器としては銭ザオ族（Dao Tiền）の双ソナの演奏しか収録されていないのが残念である。また、同研究所が1998年に制作した"Xứ Lạng một vùng dân ca"というビデオは、主にベトナム北部山地民の民謡の歌唱を紹介するものであり、そこに収録されたランソン地区ザオ族の民謡の独特な歌唱法は、ベトナム北部ザオ族の歌唱法の多様性を示すものとして重要な映像資料であると思われる。またこのVCDは、60分という収録時間を確保するために、別のVCDに収められた映像をも取りこんで編集されており、その中には同研究所が1999年に制作した楽器の演奏を紹介するVCDに収められた銭ザオ族のソナの演奏も含まれている。このことから、ベトナムではベトナムに居住するザオ族の音楽文化に関する映像資料は現時点では十分に蓄積されておらず、ごく少ない資料を重複して使用せざるを得ない状況であることが推察される。

　日本では、東アジアや東南アジア諸民族の音楽文化に関する映像資料が数多く制作されている。その代表的なものの1つである藤井知昭監修の『音と映像による世界民族音楽大系』（1988年）の東アジア篇および東南アジア篇には、中国の民族として漢族、イ族、ナシ族など、ベトナムの民族としてキン族、チャム族、クメール族などの音楽文化に関する映像が収められているが、残念

ながらヤオ族のものは収められていない。同じく藤井知昭監修による『新・音と映像による世界民族音楽大系』（1995年）の東アジア篇および東南アジア篇にも、台湾の漢族の伝統音楽や台湾先住民の音楽、ベトナム中部山地民の民謡などの映像は収録されているが、やはりヤオ族のものは収録されていない。一方、1992年にNHKサービスセンターによって制作された国立民族学博物館監修の『ヤオ族の結婚式―タイ山地民―』というビデオには、タイ北部のチェンライ県メーボン村に居住するヤオ族（タイではミエン族と呼ばれる）について、彼らの生活ぶりが収録されている。このビデオでは、彼らの音楽文化を詳しく紹介してはいないものの、結婚式の際に使われる楽器とその演奏の映像が収められており、中国のヤオ族との比較において参考の価値を有すると思われる。

　また、1997年に日本ビクターから発売された『天地楽舞』（藤井知昭監修）という題名のビデオセットは、音と映像によって中国に住む55の少数民族の民間伝統芸能を紹介することを企図したものであり、40本のビデオから構成されている。これは中国の少数民族の音楽文化研究に対して重要な役割を果たす映像資料であるのみならず、解説書に付された「ロケ行程」という説明文には、撮影者によって調査地域への道のりや日程などが具体的に書かれているため、フィールドワークを計画する際の参考ともなるものである。

　ただし、現地調査の行われた時期や日程による都合、ビデオ1本当たりの収録時間による制限、さらに少数民族ごとに祭りなどが行われる時期が異なるなどの事情を考慮すると、このビデオセットに収録された音響と映像は、中国に住む少数民族の音楽のうちのごく一部を記録したにとどまるものであることはいうまでもない。一例を挙げると、筆者がヤオ族の住む地域でフィールドワークを行ったところ、ヤオ族の音楽には、労働の歌、物語の歌、礼儀の歌、愛情の歌、長鼓の踊りの音楽、狩りの踊りの音楽、祭祀の踊りの音楽など、多様なジャンルが存在することがわかったが、ビデオの東南編2にヤオ族の音楽として収録されているのは、「バーゾン」という山歌と盤古王を祭る際の音楽の2種類のみである。もっとも、このビデオセットは、中国に住む少数民族の芸能の集大成であると同時に、現時点における少数民族の生活のありさまを記録したものとしての側面もある。そのため、ここに収められた映像は芸能のみならず、彼らの風俗習慣も古いものと新たなもののいずれにも目を配りつつ収録さ

れているのであり、その点ではたいへん有意義であることは疑いない。

## 4. 漢民族として自文化と異文化について考える

　中国には全国各地にわたって少数民族が居住しており、また多数を占める漢族であっても、地方ごとに言葉や生活習慣、居住地域の地理的環境などはそれぞれ異なっている。中国の広大さゆえに、離れた地域間における住民の移動は絶対数としては限られているものの、現代においては、ラジオやテレビ、新聞や雑誌などを通じて、自国の文化状況をある程度総体的に把握することができる。音楽については、従来中国音楽に関する研究は主に漢族の音楽文化を中心になされてきた。しかし現在では、『中国各少数民族民間音楽概述』（1993年）、『天地楽舞』（中国五十五少数民族民間伝統芸能大系、1997年）、『中国少数民族音楽史』（1998年）などの著作、および映像媒体によって、漢族の人びとがある程度ではあっても少数民族の音楽文化について知ることができるようになった。

　私は他の民族の音楽文化について研究する際に、漢族としてその民族の音楽文化と漢族の音楽文化との間にどのような類似点と相違点があるかをまず考えることにしている。喬建中の著作『土地与歌』の分析において明らかになったように、漢族の居住する各地域に伝承されている音楽は、地域ごとの地理的環境や生産活動、生活習慣などの違いによって、それぞれの特色を持つに至ったのである。少数民族の音楽文化の形成過程にも、漢族のそれと同様の要因が関与しているのではないかと思われる。ここでは、異文化の研究対象として、中国南部に居住する少数民族の1つであるヤオ族の音楽文化について述べてみたい。

　ヤオ族は、主として中国南部の広西チワン族自治区、貴州省、雲南省などの山地に居住している。その分布上の特徴は、「大分散小集中」という言葉に代表される。各地に分かれて住むヤオ族の集団間では言葉は互いに通じず、居住する地域の地理環境や生産活動、生活習慣なども同一ではないため、それぞれ特色を持った音楽文化が各地域において伝承されている。

　ヤオ族は山地において労働を行い、季節ごとのさまざまな作業に際しての取

り決めを歌の形で記録する習慣がある。ヤオ族は山地に居住するゆえに、地理的環境がさまたげとなって外の世界との交流は限られている。そのため、労働との関わりにおいて形成された各種の労働歌は、ヤオ族のもっとも古い民謡の一種であると推測される。これらの労働歌は、仕事の内容ごとに音の強弱やテンポ、旋律の進行する音域などに特徴が見られる。これは、「号子」と称される漢族の労働歌のあり方と類似している。漢族とヤオ族は互いに影響を与え合うことはなかったにせよ、労働や生活習慣とともに形成された音楽には、基本的に同様な精神活動が宿っているものと思われる。

　中国の漢族やヤオ族の社会、およびベトナム・ザオ族の社会には、それぞれの特徴を持つ地域音楽文化が存在している。これらの音楽には、前述した漢族の「信天游」、「爬山調」(pashandiao) などの「山歌」や、中国ヤオ族の労働歌、ベトナム・ザオ族の愛情の歌や双ソナ演奏などがあるが、音楽としてそのうちのどの民族の音楽がすぐれているか評価を下すことは不可能である。特にベトナムの銭ザオ族の双ソナによって奏される特殊な音は、西洋の管楽器では決して真似ることはできない。楽器の構造から見ると、銭ザオ族のソナは構造が単純であり、西洋の管楽器は構造が比較的複雑である。しかし、前者の楽器と後者の楽器それぞれで演奏される音楽について、その優劣を簡単に評価することはできない。当該文化の価値体系を重視するイーミックなアプローチの視点から見ると、特定の地理的社会的環境において形成された各地域の音楽文化は、それぞれの地域に特有な文化価値と思惟体系を持つことがわかる。そして、文化相対主義的な立場からいえば、各地域に固有の音楽文化に対して絶対的な価値基準を当てはめることはできないものと思われる。

　漢族の音楽研究者の中には、自民族の音楽文化の研究以外に、他の民族の音楽文化を研究する者もいる。近代唱歌の研究を例に採ると、羅傳開は「中国日本近現代音楽史上的平行現象」(1987年) において、中国の「学堂楽歌」と日本の「学校唱歌」の類似点と相違点などについて分析している。また、王耀華は『琉球・中国音楽比較研究』(1987年) において、福建省出身者として沖縄の音楽文化と福建省の音楽文化を比較考察している。このような国際的な立場から、複数の音楽文化が相互に関連し合う様態について、自民族のイーミックスと他民族のイーミックスを絡み合わせて解明したいという願望こそ、私がヤ

オ族を中心に中国南部あるいは中越国境近辺に居住する少数民族の音楽文化を研究しようと志した動機である。

　本章では、ヤオ族音楽研究に関する周辺資料の一部として、『土地与歌』およびその CD、"Vietnam: musiques des montagnards" について分析を試みたが、さらにいくつかの問題点を指摘することができる。たとえば、残念なことに、喬氏の論文においても Georges Condominas 氏の論述においても、ある地域の音楽の形成と伝承には、人口の移動という要因も関わっていると考えられることについては言及されていない。ヤオ族の歴史においては、大洪水や戦争、政治による圧迫などが原因となり、本来の居住地域から他の地域に移動して生活した例が多く見られる。人口の移動にともなって、元の地域の音楽文化が他の地域に伝播し、複数の文化が混合して新たな音楽文化が創られる。一例を挙げると、過山ヤオ族の民謡の一種である「過山音」（guoshangyin）は、過山ヤオ族の各集団に伝承されているが、それぞれの居住地域の社会環境や地域文化と接触した結果、各地域ごとに特有の歌い方および異なる歌唱内容を有するに至ったものも見られる。また、喬氏の「山歌」に関する研究は、主に高原や山地、湖沼地帯などに居住する漢族を対象として行われており、少数民族にも「山歌」の概念に相当するものが存在するか否かについては言及されていない。

　中国音楽の研究史を振り返ると、1920年代から1990年代にかけて中国で出版された多くの著作には、宮廷音楽を重視し民間音楽を軽視する傾向が見られる。民間音楽を研究する場合でも、対象は主に漢族の音楽に集中し、少数民族の音楽についての研究はごく限られている。我々は、人類の音楽遺産を保存するために、自民族（漢族）の音楽文化を研究すると同時に、他民族（少数民族）の音楽文化をも調査、研究することが重要であると思う。1990年の統計によると、現在中国南部などの山地に居住するヤオ族の人口は約213万人である。ベトナム北部の山地にも約62万人（1999年の統計による）のザオ族が分布している。中国のヤオ族は明時代からベトナムに移住を開始したことが知られている。それから今日までの長い間に、ベトナムのザオ族が、音楽文化などの面において中国のヤオ族と比較していかなる変容を遂げたかなどは、我々の調査、研究において注目すべき事象であると考える。

# 第Ⅲ部

ヤオ族の打楽器を中心とする音楽文化

## はじめに

　ヤオ族が中心となる少数民族地域での民間音楽を調査した結果を見ると、交通が比較的便利で平地もある地区や、山と川が接する地区に居住するヤオ族においては、特に祭りの時期に集中して器楽の演奏と民謡の歌唱が行われている。器楽においては、管楽器や弦楽器よりも打楽器が多く使われていることが注目される。しかし、ヤオ族の打楽器文化に関する研究、特に歴史的な観点に立ったヤオ族の打楽器の伝承状況などに関する考察は、これまでほとんどなされていない。そこで第Ⅲ部（第1章および第2章）では、現地調査から得られたデータを歴史文献や地方志などと照らし合わせて、ヤオ族のもっとも重要な打楽器である長鼓および銅鼓を中心とする音楽文化の概観を試みることとする。

# 第5章
# ヤオ族の長鼓文化に関する分析

ヤオ族の長鼓は杖鼓ともいい、広西、広東、湖南各省のヤオ族居住地区の代表的な楽器である〈写真5、6〉。一般的にいえば、胴体は木製で、中央部が細く、両側面を皮で覆っているので、いわゆる砂時計型の太鼓ということになる。長鼓はヤオ族が祭りや結婚式などを祝う際に欠かせない打楽器である。

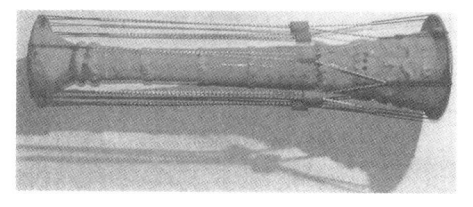

写真5　広東省連南地区排ヤオ族の大長鼓
（出典：『瑶族』画冊編集委員会編『瑶族』
　　北京：人民出版社、1990年）

写真6　ヤオ族の小長鼓
（出典：劉東昇等編『中国楽器図鑑』
　　済南：山東教育出版社、1992年）

## 1. 唐宋時代の文献に見られる長鼓

現在ヤオ族の音楽に用いられる長鼓は、古代の細腰鼓から変遷を遂げてきた打楽器である。唐時代の杜佑の『通典』通典巻144（典752頁）には、古代の細腰鼓類の打楽器について次のような記載がある。

「都曇鼓似腰鼓而小、以槌撃之。毛員鼓似都曇鼓而大…正鼓、和鼓者、一以正、一以和、皆腰鼓也。」
（都曇鼓は腰鼓と似たような形だが、〔鼓の胴体が〕腰鼓よりも小さくて、ばちで鼓面を叩く。毛員鼓は都曇鼓と似たような形であるが、〔鼓の胴体は〕都曇鼓よりも大きいのである。正鼓と和鼓はそれぞれ呼び名が違うが、みな腰鼓である。）

『通典』の中に記述されている都曇鼓、毛員鼓、正鼓、および和鼓は宋時代の陳暘の『楽書』楽書巻127（555頁～560頁）にあるそれらの楽器の図形と対照してみると、唐代の音楽演奏に使われている都曇鼓、毛員鼓、正鼓、および和鼓はみな細腰鼓類の打楽器であることが確認できる。また、宋時代の文献によると、当時のヤオ族長鼓は銃鼓（chonggu）と呼ばれていた。宋時代の范成大の『桂海虞衡志・制雲』（375頁）には次のように記述されている。

「銃鼓、猺人楽、状如腰鼓。」
（銃鼓はヤオ族の楽器であり、その形は腰鼓に似ている。）

また同じく宋時代の周去非は、『嶺外代答』巻7（446頁）の中で次のように述べている。

「猺人之楽、有蘆沙、銃鼓……銃鼓乃長大腰鼓也。」
（ヤオ族の音楽には蘆沙や銃鼓などの種類があり、……銃鼓という楽器は長大な腰鼓である。）

これらのヤオ族長鼓に関する記述を見る限り、長鼓が宋代のヤオ族社会においてすでに主要な楽器として使われていたことは間違いない。しかし、長鼓が腰鼓と似ているという点については、いつの時代に漢族の腰鼓からヤオ族の長鼓に変容していったのか、さらに検討する余地があるように思う。

ヤオ族長鼓に構造が類似する鼓類の楽器はいくつか存在するが、他民族の鼓類楽器とヤオ族の長鼓との間で、楽器の製造法や演奏法などに関して互いに影響を与え合うことがなかったとは考えられない。たとえば、ヤオ族の重要な移住地である広西チワン族自治区においては、古代から伝わるチワン族の打楽器蜂鼓（fenggu）が民間音楽に使われている。楽器の演奏法などにおいて、チワン族の蜂鼓とヤオ族の長鼓との間には類似点が見られるが、他方で、蜂鼓の構造は胴の両端のうち一面が球状であり、もう一面がラッパ状であるという。

その点において、ヤオ族長鼓と相違することも注目される。

　面白いことに、ヤオ族の住む地区から遠く離れている中国東北部の朝鮮族の住む地区には、ヤオ族長鼓と似たような演奏法を持つ朝鮮族長鼓が民間に広まっている。それが朝鮮半島の杖鼓（チャンゴ）とほとんど同一であることも言を待たない。朝鮮族長鼓は古代細腰鼓のもう１種の異体変種であると考えられる。宋人はその楽器を杖鼓あるいは両杖鼓ともいっていた。宋時代の沈括の『夢溪筆談』巻５（733頁）には次のように記述されている。

> 「唐之杖鼓、本謂之兩杖鼓、兩頭皆用杖。今之杖鼓、一頭以手拊之、則唐之漢震第２鼓也。」
> （唐時代の杖鼓は本来は両杖鼓といい、楽器の両側を杖を使って叩いた。宋代の杖鼓は楽器の片側を手で持って演奏する。これは唐代の漢震第２鼓である。）

ここに提示している漢震第２鼓は前述の陳暘の『楽書』によれば、細腰鼓類の打楽器であることは違いない。陳暘の『楽書』楽書巻127（560頁）には、次のように書かれている。

> 「震鼓之制、廣首而纖腹、漢人所用之鼓、亦謂之漢鼓。」
> （震鼓の特徴は首が広く、腹が細いのである。震鼓は漢族に使われるので、漢鼓ともいう。）

このことから、現在ヤオ族の音楽に使われている長鼓、および西南地区一帯で用いられている細腰鼓類の打楽器、すなわち胴の両端がカップ状にふくらみ、中央部が細く短い打楽器は、唐時代以降に民間で使われるようになったことがうかがえる。

## 2. 明清時代の文献に見られる長鼓

　ヤオ族の人びとは盤古（瓠）王を自民族の祖先として崇拝している。筆者の現地調査と文献調査により、今のヤオ族の社会には、盤古王を祭る儀式を行うときに、人びとが長鼓などの楽器の演奏をしながら歌舞を演じることは昔から伝承されてきたものであることが確認できる。明時代の鄺露の『赤雅・猺人祀

典』巻1（339頁）の中に次のように書かれている。

> 「時節祀槃瓠…男女左右鐃鈸、胡蘆笙、忽雷、鉋响、雲陽。祭畢合楽、男女跳躍、撃雲陽為節。」
> （明代ヤオ族の社会では、毎年の一定の季節に、盤古王を祭祀する儀式が行われている。その儀式活動の中に、男女たちは鐃、鼓〔長鼓〕、胡蘆笙、忽雷、鉋响、雲陽という5つの打楽器と管弦楽器を演奏している。また、各種類の楽器の合奏や雲陽演奏のリズムに合わせた男女たちの舞踊は、祭祀儀礼の活動を行うときに必要な内容となっている。）

また、ヤオ族の日常生活において演じられる伝統舞踊のうち、ヤオ族が特に好む踊りはやはり長鼓舞と長鼓蘆笙舞である。前者はチャルメラで伴奏し、一曲演奏しては一回歌う。このような歌唱形式を持つ歌を「長鼓歌」（changguge）という。後者は、牛角を吹く者が1人、蘆笙を吹く者が2人、長鼓を打つ者が2人で、鼓の打ち手は歌も歌う。このような歌唱形式を持つ歌は「長鼓蘆笙歌」（changgu-lushengge）と呼ばれる。ヤオ族が長鼓と蘆笙の伴奏で歌舞を演じることは、次のような文献にも記載がある。

清時代の傅恒による『皇清職貢圖』巻3（492頁）には次のように書かれている。

> 「獞猺、其在湖南者、聚處安化、寧郷、武岡、溆浦山谷間…每稼穡登場後、治酒延賓。擊長鼓、吹蘆笙、男女跳舞而歌、名曰跳歌。」
> （湖南省安化、寧郷などの地区に住むヤオ族の人びとは収穫の作業を終えた後、収穫を手伝ってくれた客たちのために宴会を開催する。その際には、長鼓を叩いて蘆笙を吹き、男女は舞いを踊りながら歌を歌う。これを「跳歌」〔tiaoge〕という。）

ヤオ族長鼓に関する文献調査からは、清時代以降のヤオ族社会では、集団での娯楽として長鼓を打ちながら踊るという活動が盛んになっていることがわかる。清時代の李来章の『連陽八排風土記』巻3（228頁）には、広東連陽地区のヤオ族の娯楽活動について次のように書かれている。

> 「元宵擊鑼、擟長鼓、跳躍作態。」
> （旧正月から第15日目の日、ヤオ族の人びとは長鼓を叩きながら物の形象をまねて踊る。）

第 5 章　ヤオ族の長鼓文化に関する分析　*39*

　また先に挙げた宋時代の沈括の文献によると、唐時代には、長鼓には杖鼓という呼び名があったが、清時代になると広西賀県のヤオ族は黄色い泥を長鼓の胴体に塗りつけるようになり、そのため賀県地区に伝承される長鼓は土鼓ともいわれるようになった。清時代の金鉷等監修の『廣西通志・諸蛮』巻93（562頁）には次のような記載がある。

> 「賀縣猺…迎春入城市、婦人操猺音、男撃土鼓以和之。」
> （賀県ヤオ族の男女は旧正月を迎えるために都市に入り、婦人はヤオ族の民謡を歌い、男は土鼓を叩いて伴奏する。）

また清時代の姚東之の『連山綏猺廰志・風俗第四』（40頁）の中には

> 「其鼓皋陶亦以木為之。但兩端圓徑如一、中細如腰、然不與諸鼓同、上下皆蒙猴皮」
> （伝説によると、この鼓〔長鼓〕は木の材料で作っているが、鼓の両側にある円形の鼓面の直径が同じで、胴体の中部が腰のように細い。しかし、この鼓は他の鼓類の楽器と違って、サルの皮で両側の鼓面を覆っている）

さらに前述の李来章の『連陽八排風土記』巻 3（288頁）には、清時代のヤオ族の長鼓の形状や演奏の姿をも記述してある。

> 「長鼓、其形頭大中小、黄泥塗皮、以縄挂頸。」
> （長鼓はその形状が胴体の両側の鼓面が大きく、胴体の中部が小さく、胴体の表面に黄色い泥を塗りつけて、縄で頸にかけて演奏する楽器である。）

　筆者の現地調査によると、現在の広西金秀大瑶山のヤオ族の人びとはこのような黄色い泥を鼓の胴体に塗りつけて演奏する長鼓を「尼王瓮」（Niwangong）と呼んでいる〈写真 7〉。そして、村人は羊の皮で両側の鼓面を覆う「尼王瓮」を演奏するときに、清代ヤオ族と同様に縄でその楽器を頸にかけて演奏する

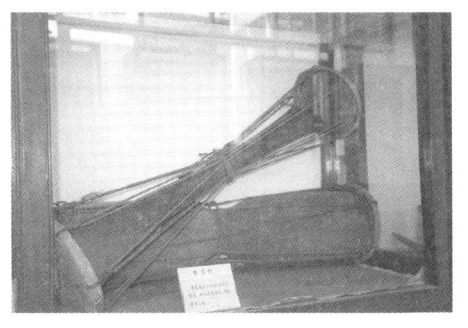

写真 7　広西チワン族自治区金秀ヤオ族博物館に保存されるヤオ族の黄泥鼓（尼王瓮）
（胴体の細長いものは公鼓、胴体の太いものは母鼓）（2000年8月4日、著者撮影）

姿を採用することが普通である。このことから、ヤオ族の伝統楽器である長鼓は、彼らの住む各地区において長い間伝承されていくうちに、楽器の名称と一部の製作材料が変化してきたことがうかがえる。以上に見たように、ヤオ族の伝統文化について記した歴史文献や地方志などには、ヤオ族の長鼓および長鼓舞に関する記述がある程度残されているので、過去の状況がわずかではあってもうかがえるのである。

## 3. ヤオ族長鼓の構造

　ヤオ族長鼓の構造は、胴体の両端が杯（さかずき）状にふくらみ、中は空洞で中央部が細長く短いのが特徴である。胴体は堅い木で作ったもので、両端の膜面として羊皮か牛皮が張られている。胴体の表面には漆を塗って美しい花などの絵が描かれている。現在ヤオ族の民間には、大きさの異なる2種の規格の長鼓が存在することが注目される。大きな長鼓は、一般に胴体の長さが約200cm、胴体中央部の直径が約15cm、両端の膜面の直径が約30cmであり、小さな長鼓は、一般に胴体の長さが約80cm、胴体中央部の直径が約4cm、両端の膜面の直径が約12cmである。唐宋時代の文献に見られる長鼓に関する記述には、当時のヤオ族長鼓に大小の2種類があったようには見えない。古代の細腰鼓から発展してきたヤオ族の長鼓は、唐宋時代すでに祭祀儀礼などの活動に欠かせない楽器として使われていた。重要な祭祀儀礼を行う際には、力強い音を出すことができる打楽器として、比較的大きな長鼓が要求される。前述の唐宋時代のヤオ族社会で用いられていた長鼓類の打楽器のうち、現在のヤオ族が祭りを行う際に使われる大長鼓に近いタイプのものであったと推測される。

　明清時代以後、漢族をはじめとする中国の人びとの間では、娯楽のために集団で地方劇や歌舞などを演じることが盛んになってきた。ヤオ族は主に焼畑農業に従事する典型的な山地民族であり、自分たちの力で生活に必要な食料を得ることができるが、文具や調味料などの日常生活用品を得るために、山地で採れた薬草や木材を近辺の平原に居住している漢族などの市場へ持って行き、

第 5 章　ヤオ族の長鼓文化に関する分析　*41*

物々交換を行うこともある。そのような交易を行う際には、ヤオ族の人びとは少なくとも漢族の文化にもある程度接する機会が得られた。ヤオ族の人びとも生産活動を行う一方で、集団で歌舞などを演じる娯楽を求めている。村の人びとは長鼓を手に持って行う舞踊に際して、踊りやすくするために比較的小型の長鼓を選んで使っている。明の末、清の初期の顧炎武の『天下郡国利病書・湖廣下』原編第 25 冊（379 頁）には次のような記載がある。

「衡人賽槃瓠…以木為鼓…中小而兩頭大、如今之杖鼓。四尺者謂長鼓；二尺者謂之短鼓。」
（衡陽地区に居住している人びとは盤古王を祭る際に、木で作った両側鼓面の直径が胴体中央部の直径よりも大きい鼓を使用している。胴体が 4 尺の長さを持つものは長鼓、2 尺の長さを持つものは短鼓と呼ぶ。）

この文献にある木製の打楽器の構造を見ると、現在のヤオ族の長鼓と構造が一致していることがわかる。問題は、ここでは直接ヤオ族を指す言葉が見られないので、「衡人」（hengren）という言葉が「猺人」（yaoren）を指しているかどうか特定できないということである。明代においてヤオ族がすでに大小 2 種類の長鼓を使用していたことを明らかにするためには、この「衡人」が「猺人」であることを証明しなければならない。

地理的には、明時代の「衡」地区は現在の湖南省の衡州地区を指している。当時、北京にある中央政府はこの地に衡州府を設置し、居住する少数民族を管理していた。ヤオ族は湖南省にも居住しており、現在の衡陽地区（明代の衡州地区）一帯でも生活している。『明史・張岳列傳』明史巻 200・列傳第 88（2160 頁）には次のような記載がある。

「岳（張岳）…進兵部右侍郎。平廣西馬平諸縣猺賊、先後俘斬四千…連山賊李金与賀縣賊倪仲亮等、出没衡、永、郴、桂、積 30 年不能平、岳大合兵討擒之。」
（張岳は兵部右侍郎という官位に就任した。彼は中央政府軍を指揮して廣西馬平など県のヤオ族の勢力を制圧し、4,000 人のヤオ族の人びとを相次いでつかまえたり、殺したりした。連山の人李金と賀県の人倪仲亮らが衡、永、郴、桂の各地区に出没し、30 年もの長い期間中央政府に従わないので、張岳は兵士たちを集めて李金らを討伐している。）

明時代から現在まで、広西の賀県地区と広東の連山地区はヤオ族の居住地である点に変化はない。連山の李金と賀県の倪仲亮がヤオ族の出身であると考えてよい。そして彼らは当時の中央政府に反発していたので、湖南のヤオ族の集中居住地である衡州などに移住して活動したことがあると推測される。またヤオ族の社会には盤古王は自民族の祖先であることが人びとに認められている。このことと前述の文献「衡人賽盤古…」という記述を結び付けて考えてみると、明時代の「衡」地区は湖南におけるヤオ族の主要な居住地であったことは確かであると思われる。この文献の中に示されている「衡人」は「猺人」であるといってよいであろう。

また、盤古王はヤオ族の人びとが崇拝する唯一の先祖であり、ヤオ族にとって盤古王を祭る儀式は彼らの最も重要な活動である。清時代の屈大均の『廣東新語』巻7（511頁）には

「諸猺率姓盤…7月14拜年、以盤古為始祖。」
（各地のヤオ族はおおむね盤を姓とする、毎年の7月14日に盤古王を祭祀する儀式を行い、盤古王を自民族の先祖であると見なしている。）

筆者が行ったヤオ族居住地での現地調査においても、広西の金秀大瑶山および雲南の河口地区には盤という姓を持つヤオ族が多いことがわかった。「盤」（pan）はヤオ族の人びとにとって、非常に重視される文字であるといえる。盤古に関わるものとして「賽盤古」（saipangu）という言葉があるが、その意味については次のように解釈できると思われる。「賽」（sai）という文字は、2人以上の人が互いに試合を行うという意味を持つ。本来、盤古を祭る際には、ヤオ族の宗教儀式に属する活動として、厳粛な場面が要求される。しかし、盤古を祭ることは毎年定例的に行わなければならない行事であり、時代とともに大衆にとっての娯楽という意義が次第に祭りに取り入れられることは避けられないと思われる。「賽盤古」という言葉は、ヤオ族の人びとが盤古の祭りを機会として、彼らに伝わる伝統芸能を互いに自由に演じ合うことを意味すると考えられる。ヤオ族の人びとは盤古の祭りにおいて、集団で歌垣を開き、男女は互いに歌の掛け合いや踊りなどの娯楽活動を行う。このような盛大な祭りや多様な歌舞の表現などに応じるためには、大小2種類の長鼓が使用されることが

適当であると思われる。明時代の長鼓の構造を見ると、当時の大小2種類のサイズは前述の現在ヤオ族の民間に使われる大小2種類のサイズよりも比較的小さいものの、現在の長鼓と基本的には同様の大小2種類のものであることがわかる。このことから、現在ヤオ族の社会に伝承されている大小2種類の長鼓は、明時代のヤオ族社会においてすでに使用されていたことは明らかであるといえよう。

　ヤオ族の長鼓類の打楽器に属する黄泥鼓は、黄色い泥を長鼓の胴体に塗りつけてから演奏するもので、土鼓、長腰鼓ともいわれる。黄泥鼓の構造を見ると、前述のヤオ族長鼓と類似し、両側鼓面の直径が胴体中央部の直径よりも大きく、羊皮あるいは牛皮が鼓の両側にある円形の鉄輪に固定され、紐で鼓面の両側にある鉄づりに通して鼓面の皮が一定の力で張られるようにしてあるのが特徴である。前述のように長鼓には大小2種類のものがあるが、黄泥鼓も公（オス）鼓と母（メス）鼓に分けて作られる。一般的にいえば、公鼓の胴体の長さは約170cm、胴体の中央部の直径は約6cm、両端の鼓面の直径は約26cmである。母鼓の胴体の長さは約100cm、胴体の中央部の直径は約11cm、両端の鼓面の直径は約26cmである。黄泥鼓の公鼓の胴体が母鼓の胴体よりも長いという点について見ると、公鼓と母鼓の胴体の長さの関係は前述の大小2種類の長鼓のそれと対応しているが、公鼓の中央部の直径が母鼓の中央部の直径よりも短いという点について見ると、公鼓と母鼓の中央部の直径の関係は前述の大小2種類の長鼓のそれと逆になっていることがわかる。長鼓の場合は大小2種類を公鼓と母鼓に分けないので、大きな長鼓の胴体中央部の直径が小さな長鼓の胴体中央部の直径よりも長いのは当然である。一方、自然界の生き物は、妊娠しているメス（母）のお腹はオス（公）のお腹よりも大きいのが特徴である。ヤオ族は山地に居住する民族として、焼畑農業を行うと同時に、多様な食べ物を得るために動物の狩猟も随時行っている。狩猟生活に慣れたヤオ族の人びとは公と母という言葉に日常的に親しんでおり、野生動物の雄性と雌性の性別を区別することが得意である。また、ヤオ族の村落では、人が亡くなった時には、遺族はみな黄泥鼓を叩いて霊を哀悼している。父親が亡くなった時には、霊柩の前で妻は母鼓、長男は公鼓を叩く。母親が亡くなった時には、霊柩の前で父親と長男のいずれもが公鼓を叩く。このように公鼓と母鼓を分けて

演奏して親族の霊を哀悼することは、ヤオ族社会に特有の伝統文化として各村落に代々伝わっている。こうしたことから、公と母という概念は、ヤオ族の人びとから非常に重視されるものであることがわかる。ヤオ族の黄泥鼓が公鼓と母鼓に分けられ、母鼓の胴体中央部が公鼓の胴体中央部よりも太く作られるのは、彼らの自然界や生活習慣などに関する認識が楽器の製作に影響を与えたのではないかと考えられる。

## 4. ヤオ族長鼓の演奏方法

　先に見たように、ヤオ族の長鼓は大長鼓と小長鼓に分けられるが、それら大小2種類の長鼓の演奏方法もそれぞれ異なっている。大長鼓の演奏者は、自分で楽器を持ち運びながら演奏することができない場合には、楽器を鼓専用の演奏台や家庭で使われるテーブルの上に置き、両手で鼓面を叩いて演奏する。そのときに、演奏者が2人の場合は、おのおの一方の手で左右の鼓面を分担して叩く。大長鼓は器楽合奏あるいは歌舞の伴奏にのみ使われて、踊りの道具としては使用されないのが原則である。一方、小長鼓の演奏者は左手で鼓の中央部を持ち、右手で両側の鼓面を交互に打つ。また演奏の場合によっては、肩の上に縄を斜めにかけて楽器を支え、両手で鼓面を打つ、という演奏法もある。小長鼓は、踊りの道具として踊りながら演奏される場合もある。演奏技術が高い奏者は方形のテーブルの上に立ち、踊りながら小長鼓を演奏する。ヤオ族の社会では、祭祀儀礼や豊作祝い、結婚式や新年を迎える祭りなどの際に、長鼓の演奏と踊りが彼らの娯楽に欠かせないものとして行われている。

　以上に述べたヤオ族の長鼓の演奏方法から、楽器の大きさと演奏の置かれる状況によって長鼓の演奏方法が変わることがわかる。たとえば、比較的大型の長鼓を演奏する際には、手で持ちながら演奏することが不可能である場合、専用の楽器置き場などに置いて演奏するという方法を採用するしかないのである。歌舞の演じ手は自分で長鼓を演奏しながら踊るために、比較的小型の長鼓を選んで自分の手で持つか、あるいは肩の上に縄を斜めにかけて演奏するという方法などを採用している。このように、楽器の構造や使用状況によって演奏

第5章　ヤオ族の長鼓文化に関する分析　45

方法を選ぶことはヤオ族の長鼓の演奏にのみ見られる現象ではなく、ヤオ族の住む地区から遠く離れた中国東北部の朝鮮族の住む地区、およびベトナム北部のラオカイ省に住むザオ族においても見られる。ヤオ族長鼓と似た朝鮮族長鼓やベトナム・ザオ族特有の土鼓の演奏者は、歌唱および踊りを行いながら楽器を演奏するために、やはり中国ヤオが小型の長鼓を演奏するような方法で彼らの長鼓や土鼓を演奏している。このことから、ヤオ族にせよ朝鮮族にせよ、東アジアや東南アジアの各地に居住している民族は、演奏法の細部に違いはあるにせよ、自民族の音楽文化を適切に表現するために、同様な思惟により伝統楽器の演奏方法を伝承していることがわかる。

　黄泥鼓の演奏については、祭りなどを行う際に公鼓と母鼓に分けて演奏するため、それぞれ独自の演奏方法が採られている。黄泥鼓の演奏者は踊りながら演奏するため、その演奏法には前述した小型の長鼓の演奏法と類似点が見られる。しかし、楽器を演奏者の身体のどの部分に置くかということ、および手で公鼓や母鼓の鼓面を叩く奏法が違っている。公鼓を演奏する際には、演奏者は左手で鼓の中央部を掴んで、鼓を胸の前ないし頭の上に持ち上げて、上下左右に振り回しながら右手で両側の鼓面を交互に叩いて演奏する。母鼓を演奏する際には、演奏者はひもで鼓を首にかけ、さらに鼓を横にして腹部の前に置き、踊りながら両手でそれぞれ両側の鼓面を叩いて演奏する。黄泥鼓は舞踊の伴奏楽器としての役割を果たすだけでなく、小型の長鼓と同様に踊りの道具としても使われている。黄泥鼓の演奏様式を見ると、常に1つの母鼓と複数の公鼓とが組み合わされて用いられていることがわかる。広西チワン族自治区の金秀大瑶山に居住するヤオ族の人びとは、祭りを行う時期、家ごとに保管されている黄泥鼓を出して演奏する前に、もう一度黄色い泥を鼓の胴体に塗りなおしてから演奏することが注目される。黄泥鼓はすでに泥を胴体に塗りつけてあるにもかかわらず、なぜそのような習慣を持つようになったのであろうか。これについて、私は次のように解釈したい。黄泥鼓は泥を鼓の胴体に塗りつけた打楽器であるので、長期間村民の家に保管されると、雨や炊事による水蒸気などの影響で、胴体に付いている泥の一部が落ちる可能性がある。このような黄泥鼓を出してそのまま演奏すると、それぞれの家の黄泥鼓ごとに胴体に付いている泥のどの個所が剥落したかや、その量などが違っているため、合奏する際に同じ

音高の音を出すことがなかなか困難である。このような理由から、ヤオ族の演奏者は、使用する黄泥鼓の胴体に再び泥を塗りつけてそれぞれの鼓の胴体の厚みを調整し、叩く時に同じ音高を確保するよう工夫していると考えられるのである。

　次に舞踊の角度から長鼓の演奏について述べたいと思う。長鼓の伴奏によって舞いを踊ることを長鼓舞という。長鼓舞はヤオ族の伝統的な舞踊であり、踊り手が自分で長鼓を演奏しながら踊るので、このように呼ばれている。長鼓舞を踊る際の長鼓の演奏方法には、文と武の2種類がある。「文長鼓」の演奏の動作は柔らかく軽やかであり、「武長鼓」の演奏の動作は豪放で力強い。これらの文と武の長鼓の演奏については統一されたリズムで鼓を打つのが主な特徴である。前述のように長鼓舞は長鼓の演奏と歌唱を同時にともないながら舞踊を行う伝統歌舞である。その主な内容は、家の建築、鼓作り、山の開発、山地での畑仕事など労働生活を反映したものである。長鼓舞の基本的な動作は、以上のような労働生活の影響を受けたものではないかと考えられる。長鼓舞はヤオ族の歌舞において重要な役割を果たすもので、「祭盤王」（jipanwang）などの祭りや新年、新築祝い、結婚式などの年中行事において欠かせない芸能として各村落で行われている。広西チワン族自治区金秀大瑶山にあるヤオ族博物館に展示される長鼓バンドの演奏に関する解説文によると、金秀大瑶山の長鼓バンドのメンバーは10人であり、そのうち4人が長鼓を打ち、4人がシンバル、ゴングを叩き、1人が横笛を吹き、もう1人がヤオ族に代々伝えられてきた書物の名称である『過山榜』という文字を書いた旗を手に持つことがわかる。そして、長鼓バンドのメンバーは長鼓舞を行う前に、まず祖先の位牌に向かって拝礼し、それから互いに挨拶の言葉を交わしてから演奏を行う。長鼓を持つ4人は踊りながら《盤王歌》（panwangge）を歌い、2人が一組となって交互に踊る。見物客が多ければ、彼らに見やすいよう大きな正方形のテーブルの上で踊ることもあるという。

　また、黄泥鼓は公鼓と母鼓の2種類に分けられ、前述のように鼓を演奏する前に音の高さを調節するため、黄色い泥を胴体に塗りつける。公鼓の音は高く、響きがよい。それに対して母鼓の音は大きく雄渾である。そのため、黄泥鼓舞を行う際には、それらの異なる音色を持つ公鼓と母鼓を一緒に合奏することに

より、音の調和の効果が得られるものと思われる。一般的にいえば、黄泥鼓舞は、母鼓を先頭とし後方に4つの公鼓を配することによって構成される集団の踊りである〈写真8〉。母鼓の演奏者は踊りの中心軸となり、公鼓の演奏者たちは母鼓の演奏者を輪になって取り囲み、回って踊りつつ演奏する。これら2種類の黄泥鼓の演奏において、母鼓のリズムはもっとも重要であり、集団による踊りの中枢を担うことから、公鼓は母鼓のリズムに合わせて演奏されなければならない。以上から、長鼓を持つ踊りの名称は長鼓舞であり、黄泥鼓を持つ踊りの名称は黄泥鼓舞であること、長鼓や黄泥鼓を持つ踊りを行う際には、鼓の音色と調和させるために、長鼓のほかに他の打楽器であるシンバルなどを加えて演奏することや、音の性質の異なる公鼓と母鼓が組み合わされて演奏されることなどがわかる。

写真8　広西チワン族自治区桂林博物館にあるヤオ族黄泥鼓の演奏のありさまを示す人形（2000年8月15日、著者撮影）

　長鼓舞に関する従来の記述によると、広西チワン族自治区の金秀大瑶山以外のヤオ族地区においても各種の長鼓舞が伝承されている。たとえば、広西チワン族自治区龍勝地区のヤオ族の長鼓舞は女性のみによって踊られるものである。4人の女たちが左手で長鼓胴体の中部を持ち、腕で鼓の向きを変えて敏捷に回る。右手で長鼓を叩く動作には、横からの叩き、縦からの叩き、斜めからの叩き、後ろからの叩きという4種がある。脚の動作には、前後の方向および円を描いて歩き回る、後ろから脚を上げて鼓を叩くなどがある。頭は鼓を叩くリズムに合わせて動かされる。このような長鼓の演奏動作は、舞踊の動作と組み合わされた自然なものであると私には思われる。また広西チワン族自治区の賀県地区のヤオ族は長鼓舞を行う際、微妙な音色の効果を得るために、長鼓を作る段階において少量の円形の小石を胴体の中に入れる。この特別な長鼓を演奏すると、胴体から鼓の音が出ると同時に、石の効果によってマラカスに似た音も得られる。このような特色を有する長鼓の音色と舞踊が組み合わされる

と、特別な長鼓舞の雰囲気を作ることができる。長鼓舞は長鼓を持って舞踊を行うのが一般的であるが、場合によっては、長鼓を持ちながら踊ることができないものもある。たとえば、広東省連南ヤオ族の地区には、2m以上の胴体を持つ長鼓がある。地元の人びとは長鼓舞を行う際、このような大きな長鼓を使用するために、長鼓を架け棚にかけてから2人組になって演奏する。このような特別な長鼓は踊り手が持ちながら叩くことはできないが、他の人が長鼓を固定して踊りの伴奏楽器として演奏すると、比較的大きな音を出すため、勢いあるすばらしい雰囲気を作ることができるのである。

　長鼓舞は湖南省のヤオ族地区および広東省のヤオ族地区においても広まっている。湖南省のヤオ族地区では、民間楽器が発達しているために、舞踊と各種の楽器の演奏とを組み合わせて長鼓舞を行うことが日常的である。たとえば、長鼓鑼笙舞という舞踊は、そこに用いられる長鼓の演奏法自体は他の長鼓舞における長鼓の演奏法と基本的に同じであるが、打楽器の鑼と管楽器の笙を演奏する人は踊りをせず、これらの楽器はただ伴奏として用いられる点が他の長鼓舞とは異なる。この長鼓鑼笙舞は冬に寺院で行われることが多い。踊る際には、7人の演奏者が神のテーブルといわれる周辺で一列に並び、1人目は鑼、2人目は長鼓、3人目は鼓、4人目は笙、5人目は長鼓、6人目は笙、7人目は牛角と、それぞれ計7つの管楽器および打楽器を演奏する。演奏者たちは、まず最初に〈迎聖曲〉（yingshengqu、祖先を迎えるための曲）を演奏し、長鼓を演奏する姿勢の変化により迎聖の動作を表現する。次に、演奏者たちは〈起拝曲〉（qibaiqu、祖先に拝礼するための曲）を演奏し、4つの方向に置かれた祖先の位牌に向かって拝礼する。さらに、彼らは〈行路曲〉（xingluqu、祖先を送るための曲）を演奏し、テーブルの周りを逆方向に歩きながら、「行路」（xinglu、歩くことを指す）の動作を行う。

　広東省のヤオ族地区では、当地で広く行われている大規模な歌舞である「要歌堂」（shuagetang）の一部として長鼓舞が取り入れられている。「要歌堂」は広東省連南地区の排ヤオ族のもっとも重要な祭りであり、村落のあちこちで3年に1度の割合で「要歌堂」が行われる。「要歌堂」は旧暦10月16日（盤古王の誕生日とされる）から1週間程度行われる賑やかな祭りである。「要歌堂」の期間には、村の人びとは家族全員および近隣の村に住む親戚や友人を

招待するために、みなで餅を作り、家で飼っている鶏やアヒル、豚などをつぶして美味しい料理を作る。村には、「歌堂坪」(getangping、前もって決められている、広い平地を持つ歌舞を行う場所)と呼ばれる広場があり、長鼓を持って踊る人びとや、長鼓舞を見るために集まった人びとによって、ヤオ族の賑やかな伝統的な祭りの雰囲気が再現される。長鼓を持つ踊り手は、頭に赤い布を巻きつけて鳥の羽を挿し、鑼、牛角、口笛、さらに歌を伴奏として長鼓舞を踊る。多数の長鼓を一斉に叩くと、その音は近隣の村にも高らかに響きわたり、「耍歌堂」はますます賑やかさを増していくのである。このような排ヤオ族の長鼓舞は広場で行われる舞踊であり、参加人数に限りはなく、2人以上の人数があれば、踊ることができる。多くの人びとが長鼓舞を行う際には、人びとは2組に分かれて横または縦に2列に並ぶか、あるいは輪になって踊る。2人だけで長鼓舞を踊る場合は、双方が互いに顔を反対に向けて左側で相対し、同じ動作を行う。多くの人びとによって長鼓が演奏される場合には、1人がリーダーとなって先に演奏し、その後に他の人びとが一斉に演奏するという習慣がある。排ヤオ族の「耍歌堂」の期間中には、数十人ないし百人以上の人びとが歌堂坪に集まり、長鼓を演奏しながらの踊りが行われ、そのありさまは非常に壮観である。

　以上に見たような舞踊に際しての長鼓の演奏から、次のようなことが指摘できる。まず、ヤオ族の人びとは多様な舞踊の姿に適応するために、それぞれ形の異なる長鼓を選んでいることである。自由で踊りやすい姿勢を取り、柔らかい音を出すためには、比較的音が小さく持ち運びやすい小型の長鼓類の打楽器が選ばれて演奏される。反対に踊りの動きが豪放で、力強い音が望まれる場合には、比較的大きな音を出すことができる大型の長鼓類の打楽器が選ばれて演奏される。またヤオ族の人びとが長鼓舞を行うときに、文と武の演奏法に分けて長鼓を演奏することも注目される。中国の戯曲においては文と武という言葉がよく使われる。「文生」(wensheng)はやさしい性格の人物であり、「武生」(wusheng)は豪放な性格を持つ人物である。「文打」(wenda)のリズムは穏やかで、逆に「武打」(wuda)のリズムは激しい。また清時代の李光坡の『禮記述注』巻16（44頁）には、漢時代の戴聖編集の『禮記』にある文と武の概念について次のように見ることができる。

「始奏以文、復乱以武。注：文、謂鼓也。武、謂金鐃也…所以輔相于楽。」
(音楽を奏する最初の段階は緩慢であり、音楽を奏する最後の段階は快速である。注解：緩慢のリズムは鼓で演奏し、快速のリズムは「金」で演奏するものなので、文と武は音楽の演奏において助け合うものである。)

　この記述によると、『禮記』のこの個所に記される文と武とは、それぞれ鼓と鐃という打楽器演奏のリズム(前述の文打と武打)を意味することがわかる。金属製の鐃は鼓の音よりも高く響くので、曲の終わる直前に演奏される。ヤオ族は彼ら自身の文字文化を持たないため、漢字を借用して自民族の伝統文化を伝承している。「文長鼓」、「武長鼓」という演奏法の呼び方は、漢族の伝統文化における用法を自民族の伝統文化に取り入れたものではないかと思われる。
　また長鼓舞によって表現される内容には、家の建築や山の開発、山地での畑仕事などが挙げられるが、これらはヤオ族の住む地理環境が伝統文化に反映したものではないかと考えられる。昔から主に山地で暮らしてきたヤオ族の人びとは、交通が不便であることなどが原因となって、生産や文化などが発達している漢族との交流は多くないのが現実である。またヤオ族の住んでいる山地の資源は有限であり、もし現地の資源を使い尽くしたならば、豊富な資源を持つ新しい山地を探すことが必要となる。そのため、ヤオ族は移住生活が習慣になっており、元の居住地を離れ、新しい居住地を求めて移住していくことが日常的である。そして、新しい居住地での家の建築や山の開発などが欠かせない仕事となってくるのである。このような地理環境と社会背景ゆえに、長鼓舞を行う際には、その多様な長鼓の演奏と踊りの姿に、人間が生き残るための基本となる家の建築などの仕事が反映されることとなったのであろう。
　次に長鼓舞とヤオ族の祖先である「盤古王」(panguwang)との関係について見てみたい。前述のように、広西チワン族自治区の金秀大瑶山においては、長鼓舞を行う際、長鼓の演奏者は祖先の位牌に向かって拝礼し、《盤王歌》を歌いながら踊る。湖南省のヤオ族地区において行われる長鼓舞の場合には、長鼓の演奏者は最初から最後まで祖先崇拝のための曲を演奏する。ヤオ族の社会においては、盤古王はヤオ族の祖先であると人びとから認められている。広東省連南地区のヤオ族は、盤古王の誕生日とされる10月16日に合わせて、「耍歌堂」という長鼓舞を中心とする盛大な歌舞を行う。いずれにせよ、盤古

王を祭る際には長鼓の演奏がヤオ族の人びとにとって欠かせないものとして存在することが確認できる。そして、長鼓舞を行う際には、長鼓の演奏者は自分で長鼓を持ちながら踊ることが一般的であるが、その土地にほかにどのような楽器が存在するか、あるいは他の民族芸能の影響を受けるなどの条件によっては、長鼓舞に他の楽器が取り入れられて演奏されるということも起こり得る。広東省連南地区の排ヤオ族のもっとも重要な祭りでは、鑼、牛角、口笛、歌の伴奏で長鼓舞が行われるが、湖南省のヤオ族地区では、長鼓と鑼や笙といった打楽器や管楽器を組み合わせて行われることが日常的である。前述のように広西チワン族自治区の賀県地区のヤオ族が長鼓の胴体の中に円形の小石を入れて演奏することも注目される。これはヤオ族の人びとが、西洋楽器のマラカスの存在を知らないにもかかわらず、彼らの伝統的な楽器において微妙な音色を追求して、自然界の素材を利用して楽器の改良を試みた1つのケースと考えられる。またヤオ族の人びとは長鼓を演奏する目的によって、それぞれサイズの異なる長鼓を選んで演奏することもある。たとえば、広東連南地区ヤオ族の村落では、「盤古王」を祭るために長鼓舞が行われる際には、2m以上もの胴体を持つ長鼓が演奏される。また、広西桂林地区ヤオ族出身の娘たちが、彼らの民族の象徴としての楽器を持ちながら、踊りの動作における自由を確保するためには、ミニサイズの長鼓を選んで演奏する〈写真9〉。

写真9　広西チワン族自治区桂林市の桂林漓江民俗風情園の舞台で小型長鼓を演奏しながら踊るヤオ族の娘たち
　　　（2000年7月28日、著者撮影）

## 5. ベトナム北部ザオ族の「土鼓」

写真10 ベトナム・ラオカイ省バオタン県ソンハー社ザオ（Dao Ho）族の「土鼓」
（2001年8月15日、著者撮影）

中国南部からベトナム北部に移住して生活しているザオ族の間で長鼓が使われているかどうかについては、私の知る限りでは、ベトナム北部のザオ族居住地区においては中国のヤオ族が使っているものと同じ長鼓は、まだ発見されていない。しかし、ヤオ族長鼓と構造および演奏法が近い鼓類の打楽器は、ベトナム北部のラオカイ省に居住するザオ族の一グループである Dao Ho 族の間で用いられており、「土鼓」（tugu）と呼ばれている〈写真10〉。

現地調査の結果からは、中国ヤオ族の長鼓文化の分布範囲は、広西チワン族自治区の金秀大瑶山の周辺地区や広東省連南地区一帯を中心とするものであることがわかる。各グループのヤオ族のうち、主に盤ヤオ族、山子ヤオ族、茶山ヤオ族、花藍ヤオ族、八排ヤオ族などが長鼓を使用している。ベトナム北部ラオカイ省に居住しているザオ族は紅ザオ族、黒ザオ族、Dao Ho 族であり、紅ザオ族は中国の紅頭ヤオ族、黒ザオ族は中国の藍靛ヤオ族、Dao Ho 族は中国の白褲ヤオ族にそれぞれ相当する。ただし、Dao Ho 族については、ラオカイ省バオタン県ソンハー社の BÀN VĂN SÁNG（盤文創、1949年生まれ）氏の話によると、Dao Ho 族の人びとは普段の日常生活では白いズボンを穿いていないが、結婚式や生産活動を行うときには着用するとのことであった。中国の紅頭ヤオ族や藍靛ヤオ族は、主にベトナム北部のラオカイ省に近い雲南省河口ヤオ族自治県に居住している。筆者がこの一帯のヤオ族の村でフィールドワークを行った際に収録した紅頭ヤオ族と藍靛ヤオ族の民謡の歌唱の映像を、ベトナムの紅ザオ族と黒ザオ族の人びとに見せる

第5章　ヤオ族の長鼓文化に関する分析　53

と、紅ザオ族は紅頭ヤオ族の言葉を、黒ザオ族は藍靛ヤオ族の言葉をそれぞれ理解できることがわかった。この結果、ベトナム北部ラオカイ省に住む紅ザオ族と黒ザオ族は、中国雲南省河口地区からベトナムに移住してきたヤオ族であることが確認できた。Dao Ho 族については以上のような作業は行っていないが、前述したように彼らは時と場合によっては白いズボンを着用する習慣を持つことから、中国の白褲ヤオ族の居住地から中越国境近辺の地区を経由してベトナムに移住したヤオ族であることは間違いないものと思われる。

　中国の白褲ヤオ族は主に広西チワン族自治区の南丹県や貴州省の荔波県に居住している。筆者の現地調査の結果によると、この辺りに住んでいる白褲ヤオ族の間では長鼓の演奏および長鼓舞は行われていないが、代わりに銅鼓と木鼓の演奏および銅鼓舞が行われていることがわかった。この周辺には有色金属、特に銅の資源が豊富で、地元の人びとは自然金属の資源を利用して多くの銅鼓を製造している。白褲ヤオ族のグループに属するベトナムの Dao Ho 族が、中国の白褲ヤオ族と同様に中国式の長鼓の演奏を行わないのも不思議ではない。問題は、彼らがなぜ長鼓を使わず、代わりに「土鼓」を使用しているかということであるが、これは彼らの居住地における社会環境や移住生活の影響によるものではないかと考えられる。私の知る限りでは、現在のラオカイ地区に居住している中国系少数民族であるタイー（Tay）族の間では「土鼓」と類似する形の打楽器はまだ発見されていないが、イエンバイおよびトゥエンクアンに居住している中国系少数民族であるカオラン（Caolan）族には「土鼓」と類似する形の打楽器が存在することがわかった。タイー族とカオラン族は広西チワン族自治区の主要な民族であるチワン族のグループに属する少数民族である。Dao Ho 族の土鼓の形状を見ると、中国のチワン族やマオナン族など南部の少数民族の間で使われている「蜂鼓」（fenggu）の形状と類似することが明白である〈写真11〉。「蜂鼓」はチワン族によって瓦鼓とも呼ばれ、彼らの代表的な打楽器である。民族学者范宏貴の『越南民族与民族問題』の第4章「中国からベトナムに移住した少数民族」（186頁〜203頁）では、彼らの移住史などが書かれたザオ族の『評皇券牒』の記述やカオラン族の「興歌」の歌詞を手掛かりとして、中国系少数

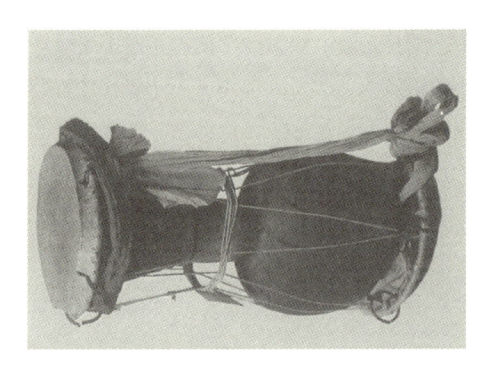

写真11　中国チワン族の蜂鼓
（出典：劉東昇等編『中国楽器図鑑』
済南：山東教育出版社、1992年）

民族の移住状況などが考察されている。それによると、現在ベトナム北部のイエンバイおよびラオカイ地区に居住している Dao Ho 族は明代以降に主に広西の中越国境近辺地域を経由してベトナム北部に移住してきたザオ族の1グループである。前述のカオラン族も明代以降に中国の広西、広東、湖南各省の接する地区から広西の霊山、欽州、防城を経由してベトナム北部に移住してきた。彼らは現在のベトナムでは、ベトナム北部に居住するサンチャイ（Sanchay）族の下位グループに分類されている。中越国境近辺の広西防城に居住していたチワン族の一部が、1949年以前にベトナム北部に移住して、現在カオラン族として分類されている例もある。このようなカオラン族の祖先が中国南部からベトナム北部に移住する途中の重要な通過地点であった広西防城に現在も居住しているヤオ族の村落では、Dao Ho 族の「土鼓」と類似する打楽器が使われていることが注目される。『中国少数民族藝術詞典』にある「蜂鼓」（139頁）の解説文によると、現在の広西防城のヤオ族居住地区では、このような陶瓷製の打楽器は「如叨」（rudao）と呼ばれている。中国南部からベトナム北部へと移住した Dao Ho 族は、彼らの伝統芸能を演じる際には、なんらかの伴奏楽器を選んで演奏することが必要となる。Dao Ho 族の人びとは、かつて中国南部からベトナム北部へと移住する過程において他民族の打楽器、たとえば自分たちと同じ地区に居住しているカオラン族などの打楽器を採用して自民族の打楽器とした可能性が高いと考えられる。筆者は Dao Ho 族の「土鼓」伝承の歴史を知るために、Dao Ho 族出身の BÀN VĂN SÁNG（盤文創）氏に尋ねたが、詳しい答えは得られなかった。そこで Dao Ho 族の「土鼓」の伝承史を知るために、中国の「蜂鼓」（fenggu）の歴史などを手掛かりとして考察することとしたい。

中国の「蜂鼓」は、「細腰鼓」（xiyaogu）とも称され、チワン族をはじめとする西南部の少数民族に伝えられる打楽器である。これは中国の東北地区に居住する朝鮮族の「杖鼓」（zhanggu）と同一の起源を有する楽器であり、長い歴史を持つ。中国古代には、「杖鼓」以外に、「拍鼓」（paigu）や「魏鼓」（weigu）とも称された。魏は、南北朝時代において西暦386年から550年まで存在した王朝であり、「魏鼓」はその名称から千年以上の歴史を持つことは確かである。宋時代の范成大の『桂海虞衡志・制雲』（374頁）には次のような記載がある。

「花腔腰鼓、出臨桂職田郷、其土特宜鼓腔、村人專作之、油畫紅花紋、以為飾。」
（桂林の職田郷では紅い花の絵が描かれた細長い胴体の鼓が製作されている。この辺りの土は鼓の胴体の材料に適しており、村人はもっぱらこのような鼓を作っている。油絵の具で紅花紋を描いて飾りとする。）

また、宋時代の周去非は、『嶺外代答』巻7（446頁）の中で次のように述べている。

「静江腰鼓、最有聲腔、出於臨桂縣職田郷。」
（細長い胴体を持つ鼓の中で、もっともよい音が出る鼓は桂林の職田郷で作られる静江の腰鼓である。）

このように土を焼いて作った細長い胴体を持つ鼓の製法の源流は、唐代の陶瓷製の細腰鼓に遡ることができる。現在、チワン族などの少数民族の地区で使われている「蜂鼓」は、これら宋代の文献に記される鼓と同様の形で、陶瓷製の胴体を持っている。宋代の文献にある「臨桂職田郷」という地区は、土製の鼓が作られる場所として歴史上有名であり、近代以前の「蜂鼓」の主要な製作地であると推測される。考古学上の発見によると、「臨桂職田郷」地区に近い容県および永福県など、宋代に陶瓷の製作が行われていた場所でも、このような形状の鼓の存在が確認できる。これらの鼓を、現在チワン族の居住地区で用いられている「蜂鼓」と比べると、相違点は宋代の鼓の胴体中部が現在の「蜂鼓」の胴体中部よりもやや長くなるということだけである。ベトナムのDao Ho族の居住地区に流布している「土鼓」の形状を見ると、チワン族が用いている「蜂鼓」と類似している。ところが、Dao Ho族の「土鼓」

の胴体は、土を材料として焼いて作ったものではなく、銅を材料として作られている。Dao Ho 族の人びとがこのような材料を採用したのは、楽器としての耐久性を考慮した結果でもあろうが、よりよい音の響きを得るためでもあったと思われる。

　前述の広西防城地区のヤオ族やベトナム・カオラン族の音楽演奏に使われている Dao Ho 族の「土鼓」と類似する打楽器はみな、陶瓷製の胴体を持つ鼓である。現在中国南部のチワン族の社会でも、伝統芸能を行う際に、依然として近代以前と同じく土を焼いて作った陶瓷製の胴体の鼓が使われている。このような打楽器は「蜂鼓」あるいは「瓦鼓」（wagu）と呼ばれているが、「土鼓」という呼び名は用いられていない。しかし、ベトナム北部の地区に居住する Dao Ho 族の社会においては、「土鼓」と称されている。「土鼓」の本来の姿は、土を材料として作られた打楽器を指すのであるが、Dao Ho 族の場合は、銅を材料とし両側に鼓面を持つ細長い打楽器も「土鼓」と称されている。チワン族のグループに属するベトナムのタイー族も昔から自分たち自身を「土」と呼ぶ。「土」は土人あるいは地元の人という意味を持っている。古代中国の文献によると、「土人」（turen）という言葉は現在から約 1000 年前の昔の時代にすでに使われていた。宋時代の沈括の『夢渓筆談』巻 25（850 頁）には次のような記載がある。

　　「天聖七年（1029 年）……存福因其亂殺其兄、率土人。劉川以七源州歸存福。」
　　（西暦 1029 年、存福は自分の兄の反乱を制圧するために、兄を殺して土人の勢力を指揮している。劉川は七源州を存福に捧げた。）

　ここに記されている七源州という地区は、今のベトナム北部のランソン省七渓県である。また、ベトナムの歴史文献『大南寔録』正編第 1 記巻 20（608 頁）には次のような記載がある。

　　「嘉隆二年（1802 年）正月、北城高、諒…諸外鎮土、儂雜處。」
　　（西暦 1802 年正月、北部の高平、諒山地区では、多くの異居地から移住してきた土人と儂人はここに混同して居住している。）

　ここに記された土人とは、現在のベトナム北部のタイー族であり、儂人とは同じくヌン族である。もともと中国南部のチワン族のグループに属するベトナ

ムのタイー族は、ベトナム北部に移住して生活するうちに、チワン族の伝統文化を移住先に伝えたとも考えられる。しかし、私の知る限り、現在タイー族の宗教儀式の中で使われている鼓は木製の胴体を持つ両側の鼓面に牛の皮を張っている打楽器であるが、現在までにベトナム少数民族の中で一番人口が多いタ

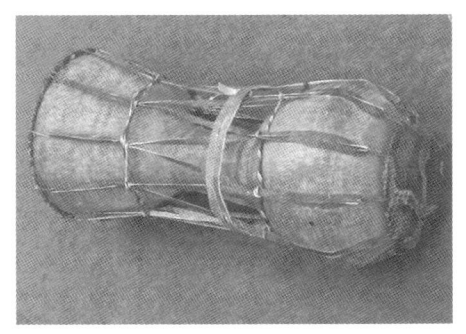

写真12　ベトナム・ハノイ国立音楽研究所の楽器展覧室に展示されるカオラン族の陶瓷製の鼓（2001年8月20日、著者撮影）

イー族の社会には、Dao Ho 族の「土鼓」と類似する打楽器の使用事例はまだ発見されていないのが残念である。幸いにハノイ国立音楽研究所の楽器展覧室には、タイー族と同じチワン族のグループに属するカオラン族の陶瓷製の鼓〈写真12〉が陳列されており、その形状はチワン族の「蜂鼓」と接近している。つまりチワン族の一部がベトナム北部に移住したのにともない、彼らの代表的な陶瓷製の鼓もベトナムにもたらされたと考えられる。前述の文献に見たように、当時、ベトナム北部に移住していたチワン族の一部（現在のタイー族）は1958年まで土人と呼ばれていた。もし今後の文献調査や現地調査を通して、タイー族の社会でも陶瓷製の鼓を使用する実例が確認できれば、その土人である村人の娯楽に使われる「蜂鼓」のような打楽器は、おのずと「土鼓」という名称に変えられて、歴史的にタイー族の社会に存在した可能性があったことがうかがえる。ところで、もともと中国南部に居住していた各グループのヤオは明時代からベトナム北部にも次々と移住を開始した。現在のラオカイ省に居住する Dao Ho 族は、前述のように中国の白褲ヤオ族のグループに属する中国系少数民族であり、ベトナム北部の土人とはいえないのであるが、中国のチワン族やベトナムのカオラン族と同じ社会環境に生活することがあったから、チワン族およびカオラン族の陶瓷製の鼓の構造を模倣して、銅を材料として「土鼓」を製作し、彼ら自身の楽器としたものと推測できる。

　次に、楽器の演奏方法について分析することとする。チワン族の「蜂鼓」の演奏においては、演奏者は細長い旗で鼓を胸の前に吊って演奏する。鼓を叩く

方法としては、両手を用いて鼓の両側の鼓面を叩くことが一般的であるが、左手で木あるいは竹製の撥を持って鼓の左側の球状の鼓面を叩き、右手で鼓の右側のラッパ状の鼓面を叩く場合もある。筆者は2001年の夏、ベトナムで開かれたザオ族伝統文化に関するワークショップに出席した際、Dao Ho族の「土鼓」演奏を実際に見ることができた〈写真13〉。チワン族の「蜂鼓」とDao Ho族の「土鼓」の演奏を比べてみると、やはり演奏方法や姿勢などに共通点が多いことが確認できた。ただし、Dao Ho族の演奏者は左側の鼓面を木製の撥で叩くという演奏法を採用していなかった。チワン族の「蜂鼓」の胴体は陶瓷製であり、大きな音量が求められる場合には、堅い木製の撥で鼓面を叩くことが必要となるが、Dao Ho族の「土鼓」の胴体は銅を材料として作ったものであり、両手あるいは竹製の撥を使って叩くのみで十分な音量を響かせることができるため、木製の撥は使用されていないと考えられる。

写真13　ベトナム・ラオカイ省バオタン県ソンハー社ザオ（Dao Ho）族出身、盤文創（1949年生まれ、左側）の「土鼓」演奏（2001年8月15日、著者撮影）

　1987年、チワン族の音楽学者黄仲裕、張穎中と江蘇省蘇州民族楽器工場の楽器製作者が共同で、比較的大きな音量を出すことができる堅いガラス（玻璃鋼）製の胴体を持つ「蜂鼓」を試作した。この新型の「蜂鼓」は、演奏に従来のような木製の撥を用いる必要はない。つまり、Dao Ho族であれチワン族であれ、楽器自体の発展にともなって、演奏方法にも変化が起こり得るといえるのである。

## 6. ヤオ族長鼓の社会的機能

　ヤオ族は交通の不便な山地に住む民族であり、外の世界との交流は極めて少ない。自民族独自の文字を持たず、歌舞に代表される娯楽の形式によって自民族の文化を伝承してきた。こうした娯楽性を有する歌舞は、彼らの日常生活に溶け込んでおり、その結果、ヤオ族の社会では民間歌舞の表現形式が次第に増えてきたものと考えられる。特に打楽器と管楽器の伴奏をともなう歌舞が盛んである。長鼓舞もしくは黄泥鼓舞は、ヤオ族の娯楽活動に欠かせない民族伝統歌舞として各地に伝承されている。前述の広西桂林漓江民俗風情園の舞台でヤオ族出身の娘たちが小型の長鼓を持ちながら踊る姿や、金秀瑶族自治県城の中心街、およびヤオ族博物館の建築物の壁にも模造の長鼓と黄泥鼓を見ることができる。金秀大瑶山の六巷地区一帯では、各村の近くにある大きな樹の周りに、「浪坪」(langping) という村民が歌舞などの娯楽活動を行うための特定の場所が存在する。毎年春節（中国の旧正月）には、村の男女はみな「浪坪」に集合して、各種の娯楽活動を行う。その際、若い男女は黄泥鼓の演奏と踊りを通じて、お互いに愛情を相手に伝える。このような黄泥鼓舞は、村人にとって重要な社会交流の一環として機能しているのであり、それゆえ彼らから大切なものと見なされているのである。

　またヤオ族の社会では、彼らの祖先である盤古王の祭祀において、長鼓の演奏と踊りが必ず行われている。祭りの時期に集団で長鼓を演奏しながら盤王舞を踊ることは、ヤオ族の人びとから重視される社会行動の1つである。盤古王はヤオ族の人びとにとって象徴的な「人類始祖神」（ヤオ族を創造した神人）である。ヤオ族の人びとは盤古王を生き物に恵みを与える太陽の神と見なして崇拝し、自分たちが盤古王の子孫であることを確信している。長鼓がヤオ族社会の盤古王を祭祀するときに欠かせない楽器として使われ、彼らの民族の団結を強めるという社会的機能を果たしているのである。長鼓はヤオ族社会の長い歴史を通じて、祭祀儀礼における重要な楽器として使われてきたことは明らかである。文献によると、すでに唐宋時代にはヤオ族の社会において長鼓の演奏が行われている。私の知る限りでは、唐宋時代以前の文

献には長鼓の演奏状況などに関する記述は見当たらないが、ヤオ族が崇拝する盤古王についての記述はある程度残されている。たとえば、『後漢書・南蛮列傳』列傳巻第76（1291頁）には、槃瓠（盤古王）とその妃について次のような記載が見られる。

「生子十二人、六男六女、槃瓠死後、因自相夫妻。」
（〔盤古王〕には12人の子供があった。そのうち、6人は男、6人は女であった。盤古王が亡くなった後、子供たちは兄弟姉妹同士で結婚して夫婦となった。）

また、宋時代の范成大の『桂海虞衡志・志蛮』（386頁）には次のように記述されている。

「猺本五溪槃瓠之後…生深山重溪中。」
（ヤオ族は本来五溪の槃瓠の子孫であり、山奥の川の近くに居住して生活する。）

このような宋時代の文献に見られる槃瓠に関する記述を見ると、当時のヤオ族先住民は漢時代の南部少数民族の社会に伝わってきた槃瓠神話を授受したことは確かであると思われる。このことから、近代以前でもヤオ族の社会では盤古王を自民族の祖先として誇りを持って敬っていることがわかる。

しかし、漢時代の南部少数民族の社会では盤古王の祭祀儀礼においてどのような楽器が使われていたかという点については、文献資料に限りがあるため、現時点では不明である。文献からは、中国の南部や東南アジアの北部に広く分布している銅鼓が、漢時代すでに作られていたことが確認できる。ヤオ族も祭祀儀礼において銅鼓を使っている。筆者の現地調査から得られたデータによると、ヤオ族が集団で銅鼓を演奏する際には、木で作った円形の胴体と皮の鼓面を持つ太鼓の伴奏が必要であることがわかった。漢時代以後のヤオ族先住民の社会において盤古王の祭祀儀礼を行う際に、銅鼓およびその伴奏の役割を果たす太鼓を使っていたとすれば、同じく祭祀儀礼の一環としてやはり木で作った円形の胴体を持つ初期の腰鼓類の打楽器も使用されていた可能性があると思われる。

また、古代の社会においては、人びとが動物や植物さらには無生物を自分たちの象徴として崇拝する習慣があった。これはトーテム崇拝といわれる。その一例として、桃の木に対する崇拝が挙げられる。日本でも広く知られている『西

遊記』では、主人公孫悟空は桃の木を住まいとし、小猿たちに桃の実を食べさせていた。また、民間の風習として、鬼の害を避けるために、桃の木で「神杖」(shenzhang、神の力を発揮することができる棍棒)を作り、鬼を追い払って邪気を除くことも行われた。古代人は桃の木を生命の源である太陽の木と見なしていたのである。

現在ヤオ族の社会に伝承されている《盤王大歌・葫蘆曉》には次のような歌詞が書かれている。

「洪水尺、仙人柱棍去巡天。」
(洪水が起きて波が高くなった時、仙人は棍杖を持って空を回って視察する。)

この神話に記される棍杖は天の神と関係があり、太陽の反射によってできた柱ではないかと私は解釈している。ヤオ族の社会には盤古王の祭祀において、太陽の姿を象徴する銅鼓の演奏が欠かせないものとされているが、桃の木のような太陽樹の姿を象徴する楽器を作っていたかどうかは、まだわかっていない。前述のようにヤオ族長鼓は、胴体の両端が杯(さかずき)状にふくらみ、中央部が細長く直径が短いのが特徴である。このような長鼓の形状を見ると、太陽樹の形状と似ていることに気づかされる。長鼓の両端の大きな円形の鼓面は太陽を象徴し、中央部の細長い胴体は神樹(太陽の柱)を象徴するものであると考えられる。また、中国の鼓類楽器の胴体の色はさまざまであるが、ヤオ族長鼓の胴体は赤紫色の梓を材料として作られていた。梓の葉も秋になると一斉に赤紫色に変わるので、ヤオ族の人びとは梓を紫樹とも呼んでいる。長鼓は赤紫色の梓で作られるだけでなく、漆を塗る技術が知られるようになってからは、赤い漆を胴体に塗ることも行われた。現在ヤオ族の盤古王祭祀で用いられる長鼓は、いずれも赤色の胴体を持っている。このことと、祭祀儀礼において使われる銅鼓の鼓面に太陽に似た図柄が描かれていることとを併せると、これらはいずれもヤオ族先住民の楽器の演奏を通して、生命の源を与えてくれた太陽を崇拝すると同時に、人類の発展に貢献した「人類始祖神」盤古王の崇拝に由来するものではないかと推測される。

またヤオ族の社会には、次のような盤古王に関する神話伝説が人びとに伝え

られている。

「〔盤王〕被石羊角叉落石岩、梓木打將而死。」
（〔盤古王〕はヤギに衝突されて岩の下に落ちたので、〔子孫〕は梓の木でこのヤギを殺した。）

　金秀ヤオ族自治県文化局に勤務する職員李日真氏は、長鼓の起源に関する筆者の質問に答えて、上に似た伝説を引いて説明している。そして、さらに付け加えて「子孫は祖先を追悼するために、山の木と羊の皮で長鼓を作った」とも述べている。これらの伝説からは、この職員がいう祖先とは盤古王を指すものであることが確認でき、またヤオ族が梓の木で長鼓を作る習慣を持つことから考えて、盤古王の子孫は梓の木で長鼓を作ることによって、先祖を追悼した可能性が高いと推測されるのである。

　以上見てきたいくつかの角度からの分析をふまえると、次のような認識が導き出されるものと考えられる。まず、ヤオ族の社会においては、長鼓と盤古王とは密接な関係にあり、ヤオ族の祖先盤古王は、ヤオ族の人びとから大きな崇拝を受ける神人である。ヤオ族の人びとは、太陽の神を象徴する長鼓を用いることによって、祖先である盤古王を祭っている。そして、村民たちは盤古王を祭る際に、集団で踊りながら長鼓を演奏するという活動を通じて、互いの間で情報を交換し、緊密な人間関係を築いている。彼らはみな盤古王の子孫として、普段の労働や日常生活の中で互いに協力し合い、盤古王から現在まで代々続くヤオ族の社会を維持してきた。長鼓はこのような社会的機能の一端を担っているものと理解できる。

　また、盤古王の祭祀においては、長鼓舞の踊り手がしゃがみこむ姿勢で歩きながら踊ることが注目される。人間は生き残るために狩猟や農耕などの活動を行わなければならない。そのためには、人間は平原や山地、海辺など、住んでいる地域の自然環境に適応することが必要となる。ヤオ族の生業は、山間の傾斜面における粗放な焼畑耕作を基調としており、平原で発達した灌漑田を営む水田稲作民や、海で漁業に従事する漁撈民とは異なる。山間の特殊な地形ゆえに、ヤオ族はしゃがんだ姿勢で山を登って農作業をすることが多い。また山間には耕作できる田畑が少ないため、遠い昔から現在まで動物を狩る習慣を保持

してきた。弓で動物を射る際には、力を十分に発揮するために、しゃがんだ姿勢で射るのが一般的である。このことから、彼らが長鼓舞を踊る姿は、ヤオ族の生活環境および自然環境を反映しており、ヤオ族の生活の営みが長鼓舞の動作を通じて再現されるものであると判断されるのである。

# 第6章
# ヤオ族の銅鼓文化に関する分析

　本章では、ヤオ族のもっとも重要な打楽器である銅鼓について論述する。筆者が中国南部の広西チワン族自治区において、ヤオ族を中心に少数民族の銅鼓音楽の伝承状況を調べた結果、祭りや葬式などに際して銅鼓の演奏がよく行われていることがわかった。つまり南部少数民族の居住する地区では、銅鼓の音楽が社会の重要な一部を占めているのである。これらの地域は山が多く、銅の資源が豊富である。このような特殊な地域環境ゆえに、銅で作った打楽器が多く見られるのは当然である。特に銅鼓の故郷といわれる広西チワン族自治区南丹県の白褲ヤオ族の村落では、数多くの銅鼓が保存され、昔の銅鼓演奏の習慣が現代社会に伝承されている。
　しかし、銅鼓がいつ頃からヤオ族社会で演奏されるようになったのかということについては、地元の人びとに質問しても満足のいく答えは得られない。またヤオ族の人びとは日常的には銅鼓を演奏せず、祭りや葬儀に際してのみ演奏している。一般的にいえば、銅鼓を持つ者は村の人びとから尊敬を受ける人物である。しかし、なぜ銅鼓の演奏が特別な機会に限定されるのか、なぜ銅鼓を所有する者が相当に高い社会的地位を持つのかといった質問を地元の人に行っても、納得のいく答えは得られない。そこで本章では、歴史的な文献を吟味しつつ、ヤオ族銅鼓の演奏の伝統的なかたち、および伝承の状況などについて究明したいと思う。
　前述したように、従来の中国音楽文化の研究史を見ると、漢族出身の音楽研

究者が少数民族出身の音楽研究者よりもはるかに多い。漢族の音楽研究者は、主に自民族の音楽の研究に集中し、少数民族の音楽文化の研究、特にヤオ族の銅鼓文化などの研究をあまり重視していないのが現状である。私は本研究において、歴史文献に記載された銅鼓文化に関する記述を手掛かりとし、フィールドワークで得られた銅鼓文化に関するデータを加えつつ、ヤオ族銅鼓文化の探究を進めていきたいと思う。そこで本章では、現代社会で行うフィールドワークを歴史学的手法で補うという方法を試みることとする。

## 1．中国南部の銅鼓

　鼓は打楽器として、中国において遠い昔から製作されてきた。古代においては、軍事、祭祀活動において鼓の演奏が欠かせないものとして使われている。伝説によると、黄帝の軍隊が中国西南地区の勢力を制圧するために行った戦争において、80個の鼓を同時に叩いてその軍事力を相手に誇示したという。考古学上の遺物としては、商周時代の甲骨と銅器の表面に鼓の文字が書かれていることもある。その時代に使われていた鼓は木や皮を材料として作られたもので、歳月を経ると摩滅しやすく、現在まで保存される可能性が低いため、これまでその時代の鼓の実物はまだ発見されていない。現在、私たちが見ることができる古代の鼓は、木の胴体と皮の鼓面を持つ原始的な鼓を模倣して作られた商代の銅製の鼓である。本章において論述するヤオ族の銅鼓は、主に中国南部少数民族の間で見られる銅鼓であり、鼓の胴体などを見ると、商代の銅製の鼓とは異なっていることがわかる。

　銅鼓は中国の雲南省、広西チワン族自治区、貴州省、広東省、四川省南部、湖南省西部に分布するだけではなく、ベトナム、ラオス、カンボジア、タイ、ミャンマー、マレーシア、インドネシアなどにも分布している。私の知る限り、現存する最古の銅鼓は1975年に中国雲南省楚雄県万家壩の春秋時代の墓で発見されたものである。銅鼓の種類はたくさんあり、形式もそれぞれ異なっている。中国の考古学者たちは、現存する多くの銅鼓の製造上の特徴や形状の相違、および発見場所によって万家壩型、石寨山型、冷水沖型、遵義型、

写真14　石寨山型銅鼓（西漢時代）
（出典：劉東昇等編『中国楽器図鑑』
済南：山東教育出版社、1992年）

麻江型、北流型、霊山型、西盟型という8種類の形式の銅鼓に分類した（『中国少数民族藝術詞典』461頁）。ベトナム・ハノイにある歴史博物館や国立音楽研究所に展示された銅鼓やベトナム学者 Phạm Huy Thông の "Dong Son Drums in Viet Nam" の中にある銅鼓の図鑑などを見れば、中国の石寨山型、冷水沖型、北流型、西盟型の銅鼓はベトナム北部の地区にすでに分布していたことが確認できる。そのうち、ハノイ歴史博物館に保存されている石寨山型銅鼓は中国のものよりも大きいのが特徴である〈写真1、14〉。今までのところ中国では、銅鼓を製造する仕事場の遺跡をまだ発見していない。しかも、銅鼓の生産地については古文献の中にも説得力がある情報が記載されていないのである。一般的にいえば、銅鼓の生産地は有色金属資源の豊富な地域、銅鼓が非常に多く使われる地域、あるいは青銅器の製造地に集中していると考えてよい。雲南省は近代以前から現在までに中国著名な銅と錫の産地である。任継愈等撰の『商周青銅文化』にある「雲南の青銅文化」（199頁～202頁）という節によると、1949年以来の考古発見では、雲南地区は商代末期と西周初期において紅銅器と青銅器がすでに出現したことや、春秋末期と戦国中期において高度な青銅製造の技術がすでに形成されていたことがわかる。たとえば、1975年楚雄県万家壩で発掘された多くの墓の中には、青銅の武器と器具があった。1号墓の中から出土した青銅器は110個であり、その中に現在までに発見された最古のタイプの銅鼓があった。当時の楚雄を含む雲南中部地区では、青銅製造の技術が発達し、奴隷社会制度が春秋・戦国時代にすでに導入されていた。これは銅鼓の製造と使用に関して重要な社会条件を提供することができる環境になったことを意味すると思われる。また、広西チワン族自治区博物館の古代銅鼓展覧室に展示された万家壩型銅鼓〈写真15〉の解説文によると、このような種類の銅鼓は広西西部やベトナム北部、およびタイ北部の地区でいくつかのものが発見されてきたが、雲南中部地区で発見された万家壩型銅鼓がもっとも多く、

中国の春秋・戦国時代に、雲南中部地区に生活する南方民族の「濮人」によって作り出されたものであることが明白である。このことから、春秋・戦国時代の雲南中部地区では、中国南部銅鼓の主要な生産地であると考えられる。

写真15　広西チワン族自治区博物館に保存される万家壩型銅鼓（春秋・戦国時代）
（2000年8月16日、著者撮影）

本章の研究対象とする現代ヤオ族の音楽演奏に使われている銅鼓〈写真16〉の構造を見ると、鼓の胴体と鼓面のいずれもが銅を材料として作られている。銅鼓には片側に一面しか鼓面がなく、もう片側には何も張られていない。鼓面は大きな円状で、鼓面の中央にある銅鼓を打つところがやや高くなっており、周囲には8本もしくは12本の線状のものが四方に向かって引かれている。これは「太陽の紋様」と認識することができる。

写真16　広西チワン族自治区南丹県八圩ヤオ族郷瑤寨村の白褲ヤオ族の銅鼓演奏者黎継新（1967年生まれ、左側）の家で保存される麻江型銅鼓（清時代）
（2001年9月11日、著者撮影）

前述のように、銅鼓は中国南部少数民族居住地区のもっとも重要な打楽器として、各都市の博物館において主要な展示品となっている。2000年の夏、広西チワン族自治区博物館の古代銅鼓展覧室に展示される銅鼓を数えてみたところ、50点以上の銅鼓が収蔵されていた。これらの銅鼓のうちには、1956年に広西金秀瑶族自治県平道郷において発見された銅鼓、および広西南丹県白褲ヤオ族の銅鼓も含まれていた。広西チワン族自治区において銅鼓が多く見られるという事実は疑い得ず、唐代から現在に至るまで、少数民族の居住

地では銅鼓の発見に関する記録が数多く残されている。さらに山地に居住しているヤオ族などの少数民族がいまだに銅鼓を使用していることも注目される。

また、広西チワン族自治区博物館の古代銅鼓展覧室に展示された銅鼓の形状などにより、粤系（広東、広西）の銅鼓と滇桂系（雲南、広西）の銅鼓に分けられる。粤系の銅鼓は高度な技術により製作され、大きな胴体と厚い銅の鼓面を有し、鼓面が胴体よりも広いという特徴を持つもので、広西北流県において発見された銅鼓と、広西霊山県において発見された銅鼓がその代表的なものである。このような特徴を持つことから、楽器として演奏される際には、低く雄渾な音を出すため、これらは演奏用の楽器としてよりも装飾的な用途を意図して作られた可能性が高いと推測される。滇桂系の銅鼓は粤系の銅鼓に比べて胴体が比較的小さく、鼓面の銅が薄く、鼓面の直径が100cmを超えず胴体よりも小さいという特徴を持つものである。このような特徴を持つことから、楽器として演奏される際には、高く澄んだ音が得られるため、演奏用の楽器として作られた可能性が高いと考えられる。滇桂系の銅鼓は、広西藤県冷水沖地区において発見された銅鼓と、貴州省麻江県において発見された銅鼓がその代表的なものである。このような銅鼓の構造とヤオ族銅鼓の構造を比べてみると、広西南丹県ヤオ族の銅鼓は麻江型銅鼓に分類することができる。しかし、現在ヤオ族の音楽演奏に使われている麻江型銅鼓はヤオ族の先住民が製造したものであるかどうかについては、文献資料の限りによって、現地点では不明である。前述の古代銅鼓展覧室に展示された各少数民族の麻江型銅鼓演奏の写真や解説文によると、貴州省のスイ族やミャオ族、および広西のチワン族などの南部少数民族でも麻江型銅鼓を使用していることがわかる〈写真17〉。そして、現存する麻江型銅鼓の数がもっとも多く、ある銅

**写真17 麻江型銅鼓（清時代）**
（出典：劉東昇等編『中国楽器図鑑』
済南：山東教育出版社、1992年）

鼓の周りに施された図の紋や銘文などを判断すると、宋代から清代末期までの約800年の長い間南部少数民族の社会では麻江型銅鼓が使われていたことが明白である。たとえば、前述の古代銅鼓展覧室に展示された広西都安ヤオ族が使われている麻江型銅鼓の周りには「道光年建立」（1821～1850年）という銘文を刻んでいる。貴州省博物館が本省の興義地区で徴集した麻江型銅鼓のうち、「万暦元年」（1573年）という銘文を刻む銅鼓もあった。これは中国にある麻江型銅鼓を編年するときに重要な根拠である。現在、中国南部の麻江型銅鼓の使用者は貴州省に居住している少数民族に集中し、貴州省のスイ族、ミャオ族、白褲ヤオ族、プイ族、トン族、コーラオ族、イ族はみな麻江型銅鼓を使用している。貴州省博物館撰の「夜郎の旧地を調査する——貴州省文物考古工作の三十年」（関野雄監訳『中国考古学三十年』359～370頁）の366頁にある麻江型銅鼓の解説文によると、1949年以来、貴州省博物館が発掘し、徴集し、収蔵した約100点の銅鼓のうち、麻江型銅鼓の数量がもっとも多く90％以上を占める。貴州省南部のプイ族ミャオ族自治州、東南部のミャオ族トン族自治州、および興義地区などの少数民族の間では、比較的多くの銅鼓を保存していることがわかる。また、初期の麻江型銅鼓の発見場所である貴州省麻江県は東南部のミャオ族トン族自治州に属し、南部のプイ族ミャオ族自治州と隣接している。貴州省は山々が起伏して連なる雲貴高原の東部にあって、有色金属が豊富な地域である。以上のことから考えて見ると、清代以前において貴州省南部および東南部の辺りは、麻江型銅鼓の主要な生産地になったのではないかと推測される。

## 2. 中国古文献に見られる銅鼓

　私の知る限りでは、中国南部の銅鼓に関する最初の歴史文献としては、南北朝時代の范曄による『後漢書』が挙げられる。『後漢書・馬援列傳』列傳巻第14（374頁）には次のような記載がある。

「援（馬援）好騎、善別名馬、於交阯得駱越銅鼓。」
（馬援は馬に乗ることが好きで、良い馬を識別することができた。彼は交阯で駱越の銅鼓を得た。）

しかし、残念なことに范曄の銅鼓に関する記述は簡単なものであり、南北朝以前の銅鼓に関する情報として詳しくはない。たとえば、馬援が銅鼓を発見した具体的な場所、駱越銅鼓の形状とヤオ族銅鼓の形状が類似するかどうかなどについてはわからない。しかし、范曄が書いた銅鼓に関する記述を手掛かりとして、他の歴史文献に見られる銅鼓の記述を補充し、古代銅鼓の形状について考察してみることは可能である。

（1） 中国古代銅鼓の形状

前漢時代の地図を見ると、漢王朝が支配した交阯地区の範囲は広い地域にまたがり、現在の広西南部とベトナム北部を含んでいる〈地図1〉。漢代以後に書かれた文献の記載や近現代に銅鼓が発見された際の情況などを分析すると、これらの地区は古代駱越人の居住範囲であり、銅鼓の分布地区でもある。唐代

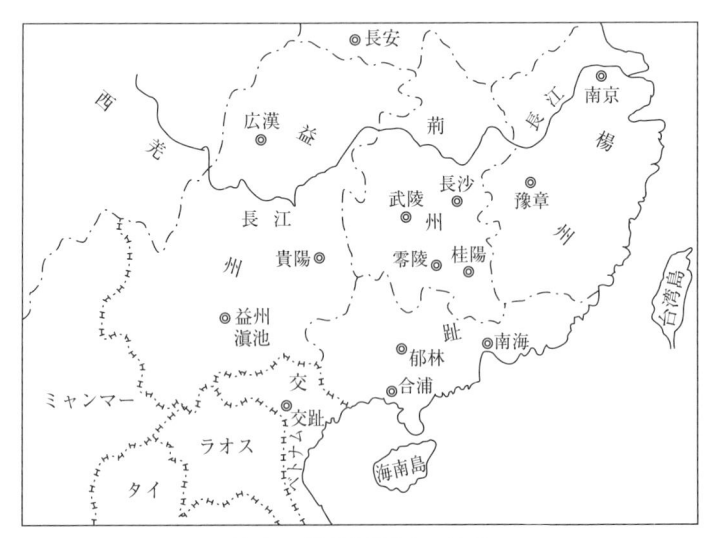

地図1　漢代中国南部の地図
（参考：郭沫若等編『中国史稿地図集・上册』「西漢時期形勢図」中国地図出版社、北京、1996年）

の李賢は『後漢書』の注解を書いた際に、裴淵の『廣州記』に書いてある銅鼓の記述に基づいて、馬援が得た駱越銅鼓について補充して説明している。『廣州記』は『後漢書』よりも先に書かれ、東晋時代に完成した地方志である。李賢の注解には、東晋時代広州地区に住んでいた俚獠族の銅鼓を製作する儀式が記録されている。その主な内容は次の通りである（『後漢書・馬援列傳』列傳巻第14（374頁））。

> 「俚獠鑄銅為鼓、鼓唯高大為貴。初成、懸於庭、剋晨置酒、招致同類、来者盈門。」
> （俚獠族は銅で鼓を作り、大きな銅鼓が高い価値を持つものであると考えている。村人は製作したばかりの銅鼓を家の庭の横柱にかけて、銅鼓を愛する人びとを招いて、朝から宴会を開催する。）

当時の広州は南海、郁林などの郡を管轄し、現在の広東、広西の大部分の地区を含んでいた。俚獠族の活動範囲は現在の両広南部の地区に及んでいたので、この辺りが古代銅鼓のもう１つの分布地区と考えられる。しかしながら、『廣州記』の記述に基づいて書かれた銅鼓の記述からは、俚獠族の銅鼓はヤオ族の銅鼓と較べると、胴体の大きさや銅鼓の役割などにおいて相違が見られることがわかる。俚獠族は胴体が大きく、鼓面が広い銅鼓を製作していた。このような装飾性が強い銅鼓に対して、ヤオ族の銅鼓は胴体と鼓面が相対的に小さく、演奏のための機能がより強調されていることが明らかである。問題は、東晋時代に広州地区に居住していた俚獠族が現代中国南部の少数民族のうち、どの民族に類似するかということについて、説得力のある資料がまだ発見されておらず、判断がむずかしいということである。とはいうものの、現代のヤオ族の銅鼓の形状とは異なる、胴体と鼓面が大きい銅鼓が東晋時代に作られ、南北朝以前の中国南部少数民族の地区で流行していたことは疑い得ない。

### （２） 唐宋時代の文献に見られる銅鼓

ヤオ族などの南部少数民族は銅鼓を彼らの「重器」（zhongqi、重要な物）、「神器」（shenqi、神の物）と見なして、大切に保存している。文献を見ると、現在南部少数民族の先住民は約1000年前から銅鼓を重視してきたという記述もある。唐時代の魏徴の『隋書・地理志』志第26巻（421〜442頁）には次のような記載がある。

「自嶺已南二十餘郡…並鑄銅為大鼓。初成、懸於庭中、置酒以招同類。来者有豪富子女、則以金銀為大釵、執以叩鼓、竟、乃留遺主人、名為銅鼓釵。」
（嶺南の二十余りの郡では、銅を素材として大きな鼓を鋳造している。人びとは銅鼓を製作するとそれを家の庭の横柱にかけて、同じ民族の人びとを招いて宴会を開催する。招待客のうち金持ちは、金銀で作った大きな簪で銅鼓の面を叩き、叩き終わると簪を銅鼓の持ち主に与える。この簪は銅鼓釵と呼ばれる。）

現代のヤオ族銅鼓文化の伝承状況について考察するための手掛かりとなる資料としては、主に唐代以降の時代に書かれた文献が重要性が高いと思われる。

現在中国南部に居住するヤオ族などの山地民族は、銅鼓を大切なものとして重視し、多くは普段村の近辺の山地に埋めておき、必要な時にのみ掘り出すということをしている。埋める際と掘り出す際には、直接作業を行う2人あるいは3人のみが立ち会うことを許されている。このような銅鼓に対する神秘性を帯びた価値観および保管の習慣は昔から存在したようである。本節では、主に文献調査から得られた銅鼓文化に関するいくつかの記述を分析してみたいと思う。

唐代の文献『通典』巻144（典752頁）には次のような記載がある。

「銅鼓、鑄銅為之、虛其一面、覆而擊其上…嶺南豪家則有之、大者廣丈餘。」
（銅鼓は銅を材料として作り、1つの鼓面のみが張られて叩かれるものである。嶺南地区の土豪たちは皆銅鼓を所有している。これらの銅鼓のうちには、鼓面の広さが1丈余りあるものもある。）

ここからは、唐代以前の中国南部における銅鼓の形状や演奏方法、および貴族たちが銅鼓を重視したことなどについて知ることができる。唐代以前の社会では、銅鼓は部族の長老あるいは権威を持つ者のみが所有していた。部族の祭祀儀礼や部族の人びとが集まって戦争を行う際には、銅鼓の演奏が欠かせないものとして重視されていた。銅鼓は部族の象徴であり、個人の社会的地位や豊かな財産を所有することの反映でもあったのである。

また、前述の『隋書・地理志』志第26巻（422頁）には次のような記載がある。

「有鼓者、号為都老、群情推服。」
（銅鼓を持つ者は部族の「都老」（dulao）と呼ばれ、人びとから尊敬された。）

さらに唐時代の劉恂の『嶺表録異』巻上（82頁）には、次のように書かれている。

「南蛮酋首之家、皆有此鼓。」
（南部少数民族の部族で権威を持つ人の家は、みな銅鼓を所有している。）

中国近代以前の鼓にはいろいろな種類があるが、中国南部少数民族の代表的な鼓はやはり銅鼓である。銅鼓の本体はすべて銅を材料として作ったもので、木や竹、皮などを材料として作った鼓とは異なり、長い時間を経過しても他の鼓に比べて形状を元の状態に近いままで保存することが可能である。中国南部少数民族の社会では近代以前から現在に至るまで、銅鼓を大切なものとして保存し、その演奏技法を代々伝承してきた。私の知る限りでは、中国南部少数民族の社会において、木の鼓や竹の鼓、皮の鼓が重視されたという記述は、歴史文献や地方志においてまだ発見されていないが、銅鼓が重視されたという記述はある程度見ることができる。このような理由から考えて、以上に見た唐時代に書かれた文献で言及される鼓は銅鼓であることが推測できる。

宋時代になると、金石学の振興にともなって、文献の中で銅鼓に関する記述が次第に増えてくる。その主な内容は、銅鼓を発見した情報や銅鼓の使用者、および銅鼓の形状などについての詳細な記録である。宋時代の范成大は、『桂海虞衡志・制雲』（374頁）の中で銅鼓について次のように述べている。

「銅鼓、古蛮人所用、南辺土中時有掘得者。相傳為馬伏波所遺。其制如坐墩、而空其満鼓皆細花紋、極工致、四角有小蟾蜍。」
（近代以前の南部少数民族は銅鼓という楽器を使用していた。彼らの住んでいた地区では、しばしば土の中に埋もれた銅鼓が発見される。これらの銅鼓は馬伏波という人が遺したものといわれる。その形状は腰掛けに類似し、鼓面の片方がからになっている。鼓の周りには各種の細かい紋様が描かれ、製作技術は高く、鼓面の4つ角にはヒキガエルを模した装飾が置かれている。）

さらに宋時代の周去非は、『嶺外代答』巻7（446頁）の中で銅鼓について詳しく記述している。

「廣西土中銅鼓、耕者屢得之…周圍欸識、其圓紋為古銭、其方紋為織簟、或為人形……工巧微密、可以玩好…所在神祠佛寺皆有之、州縣用以為交更点。交趾嘗私買以帰、復埋於山、不知其何義也。」

(広西に住む山地民は、農作業の際にしばしば土の中に埋もれた銅鼓を発見することがある。それらの銅鼓の周りに施された図の紋を見ると、円形の図像は古代の銅銭、方形の図像は竹席の紋、あるいは人形の紋をかたどっている。楽器の製作技術は高く、鑑賞に値する。神を祭る祠やお寺などの場所にはみな銅鼓が置かれている。州と県では時間を知らせるために銅鼓を使っている。交趾の人は銅鼓を買い入れて持ち帰り、山に埋めている。これがいったいどのような意味を持つことであるかはわからない。)

上述の古代銅鼓の記載により、現在ヤオ族の住む地区で使われている銅鼓の形状などを見ると、宋代以前において南部少数民族が住んでいた地区で使われていた銅鼓と相似するものであると考えられる。唐代以降の南部少数民族が銅鼓を非常に重視し、彼らの重要な楽器として使ってきたこと、古代人が銅鼓を誰にも見えない場所に埋めて隠していたこと、などが明白となる。そして銅鼓の鼓面にはさまざまな飾りのデザインが工夫され、古代人の高い製作技術を反映したものであることがわかる。

### (3) 明清時代の文献に見られる銅鼓

明時代の朱国楨の『湧幢小品』巻4（1916頁）には、中国南部少数民族の銅鼓の価値観については次のように書かれている。

「蛮中諸葛銅鼓、有剥蝕而声響者為上上、易牛千頭、次者七八百頭。」
(南部少数民族集団の社会に伝承される「諸葛」(zhuge)の銅鼓は、その鼓面に古い傷痕があり、きれいな音を出すことができるものが最上品とされており、千頭の牛と交換することができる。それより下級の「諸葛」銅鼓は七百あるいは八百頭の牛と交換することができる。)

また、明時代の魏濬の『西事珥』巻4（778頁）には次のような記載がある。

「夷俗最尚銅鼓、時時撃之以為楽」
(南部の少数民族は銅鼓を彼らの重要な楽器として使い、音楽を演奏する際には、常に銅鼓を打っている。)

さらに清時代の屈大均の『廣東新語』巻16（933頁）には、中国南部少数民族の銅鼓に対する認識が次のように書かれている。

「蛮部…富者鳴銅鼓、貧者鳴鐃、以為聚會之楽。故謂銅鼓為大器、鐃為小器。」
(南部少数民族の村落では、富裕の人は銅鼓、貧乏の人は鐃鑼を叩いて、人びとが集まった際の楽器として使用している。それゆえに、銅鼓は大器、鐃鑼は小器と呼ばれている。)

ここからは、銅鼓が清代以前の南部少数民族の人びとにとって非常に重要な楽器として大事な行事を行う際に演奏されてきたことのみならず、高価な銅鼓を持つことが個人の財産と地位を象徴するものであること、古代人は銅鼓を南部少数民族の高価な楽器として認識し、大衆の娯楽活動の中に銅鼓の演奏を常に欠かせないものとして行うことが明白である。以下の項目では、唐宋時代以後の文献に書かれた銅鼓の記載を参照しながら、本章の銅鼓の論述を展開していくものである。

## 3. ヤオ族銅鼓の伝承状況

ヤオ族は山地に住む少数民族であり、主に平原に住んでいる漢族などとは音楽文化の面での交流があまりなく、彼ら自身の音楽文化と外来の音楽文化とが融合する機会が少ないため、昔の銅鼓文化を現代の社会に伝えることができる環境となっている。ヤオ族銅鼓の故郷とされる南丹県は広西チワン族自治区の西北部に位置している。南丹県地方志編纂委員会編の『南丹県志』(1頁)の「概述」によると、南丹県は錫、鉛、金、銀、銅などの有色金属資源が豊富で、鉱物学者の楽園といわれる。このような独特の地理環境ゆえに、これまでアメリカをはじめ、旧ソ連、日本、フランス、イタリア、オーストラリア、マレーシアなど50か国の地質学者が南丹県に調査に訪れたという。また、広西チワン族自治区の区都南寧市や桂林市などにある博物館には、南丹県のヤオ族銅鼓の実物が陳列されている。このことから、ヤオ族の社会において、南丹県の銅鼓の知名度の高さは、多くの人びとから認められていることが実感できる。

南丹は多民族が住む県であり、漢族以外のチワン族、ヤオ族、ミャオ族、スイ族などの少数民族で全県人口の68.2%を占めている。南丹県のヤオ族はみな白いズボンを穿いているので、白褲ヤオ族と呼ばれ、南丹県の八圩郷、里湖

郷に居住し、人口は2万5,800人（1990年統計）である。前述の『南丹県志』97頁にある「族源」という節によると、白褲ヤオ族は宋代以前に湖南省、貴州省から広西南丹の八圩、里湖一帯の山地に移住し、長期的に各時代の朝廷から排斥を受け続け、非常に辛く貧困な生活を過ごしてきたことがわかる。筆者の南丹県への現地調査を通して、八圩、里湖一帯の辺りの山地は石が多く土が少ないため用水が非常に困難で、交通も不便であることを実感した。南丹県ヤオ族は個人の家庭財産的乏しさなどの原因により、現在の経済発展も緩慢である。このような地理的環境と生活状況にもかかわらず、白褲ヤオ族が銅鼓の演奏を盛んに行っているのはなぜなのか、銅鼓の演奏が彼ら自身の生活にどのような影響を与えているか、などについて考えるべきであると思われる。

　有色金属資源が豊富な南丹県に居住している白褲ヤオ族が、昔から銅鼓を作ってきたかどうかについては、説得力のある資料がまだ発見されておらず、現段階では結論を出すことが困難である。私は2001年に南丹県八圩ヤオ族郷の瑶寨村でフィールドワークを行った際、銅鼓奏者にインタビューし、銅鼓の伝承状況などを調査した。それによると、現在瑶寨村の大寨一隊に8個の銅鼓が保存されている。それら8個の銅鼓は、母鼓（比較的大型のもの）が6個、公鼓（比較的小型のもの）が2個で、儀式を行う際には村人の家に持ち出して合奏する習慣がいまだに保たれている。村民黎継新氏の家に保存されている銅鼓は美しい図柄が周りに彫刻されている母鼓である〈写真16〉。この母鼓は自家製ではなく、交易市で買ったもので、清代から現在に至るまで家族の間で伝承されてきた。しかし、どこで誰からその銅鼓を買ったのかという点は謎となっている。前述のように白褲ヤオ族は交通不便な山地に居住し、経済力の低さなどの原因から遠くまで出かけていく可能性は少ない。ヤオ族と共に南丹県に居住する少数民族にはミャオ族やスイ族などもある。彼らもヤオ族と同様に銅鼓の演奏習慣を持っている。黎継新家の銅鼓はその祖先が近隣の少数民族の銅鼓を販売する人から買ったものである可能性がないとはいえない。

　ヤオ族は辛く貧困な生活を過ごしているが、銅鼓を買うことを常に心に掛けている。村民たちは一旦銅鼓を買うと、みな大事なものとして保管し、銅鼓の演奏方法も次代に伝承していく。現代ヤオ族社会では、銅鼓を持つ家庭の家族に対して、銅鼓を持たない他の村人から尊敬がはらわれることがよく見られる。

銅鼓はヤオ族の重要な楽器として儀礼や祭りなどの活動において用いられるのみならず、村人個人の財産をも象徴するものであるといえよう。

　一般的にいえば、ヤオ族銅鼓は村落の人びとに共有されるものである。たとえば、貴州省瑶山ヤオ族郷の董蒙寨には現在4個の銅鼓があるが、そのうち1個は昔から伝えられてきたものであり、1個は別の村から董蒙寨に移住する際に持ってきたものである。残りの2個は1993年に村人たちの出資で購入したものである。村人は普段山の洞穴に保管している銅鼓を外に出して使う時に神秘的な儀式を行い、銅鼓を使い終わると再び秘密のうちに洞穴に保管する。村落の人びとから尊敬される人物は、これらの銅鼓を管理する権威を持っている。前述の『隋書・地理志』中の「有鼓者、号為都老、衆情推服」という記述から考えると、古代人の銅鼓に対する認識は現在のヤオ族社会にも依然としてある程度残されていることが明白である。

　広西チワン族自治区南丹県の白褲ヤオ族の社会においては、葬式を行う際にも銅鼓が用いられる。その理由については次のように考えられる。つまり、前述のようにヤオ族の社会では、銅鼓を所有することが富裕の象徴と見なされており、高価な銅鼓を持つ者が金持ちといわれている。ヤオ族の葬式において銅鼓を打つ際には、銅鼓の金属性の高い音が繰り返し響きわたり、遠く離れた所でも聞くことができる。このような音響的効果は、1人の富者が天上に旅立つことを人間界に対して伝えるとともに、天上の神仙たちがその富者を歓迎してくれるようにとの願いが天上界に届くことを期待するゆえではないかと思われる。実際、ヤオ族の住む地区では昔から銅鼓の演奏で神霊を慰めていた。『宋史・蛮夷列傳』列傳巻第252（5818頁）には次のような記載がある。

「溪峒夷獠疾病、撃銅鼓沙鑼以祀神鬼。」
（中国南部の五溪地区の少数民族社会では、重病に罹った人の快癒を願って、銅鼓とゴングを演奏して神霊を祭るという習慣がある。）

　現在、広西チワン族自治区南丹県の白褲ヤオ族の村落では、村人が亡くなったときに、牛を殺して銅鼓を叩いたり、死者の霊を呼び起こして天上へ向かわせるために、天上の神様を祭るという儀式を行う習慣があるが、これらはやはり白褲ヤオ族の葬礼における重要な構成要素となっている。このことと前述の

『宋史・蛮夷列傳』の記述とを結び付けて考えると、やはり宋時代の銅鼓演奏が担った役割が現代のヤオ族社会にも依然として生き残っていることが確認できるのである。

　銅鼓文化はヤオ族の住む地区において伝承されてきただけでなく、その近隣に住むミャオ族やスイ族、およびベトナムの少数民族居住地区にも各種の銅鼓が伝えられている。民国時期の貴州省政府の銅鼓に関する調査によると、ミャオ族の住む地区に伝えられる銅鼓は三国時代の著名な戦術家諸葛亮の遺品であるといわれており、銅鼓の面に美しい花が描かれているという。ミャオ族の人びとはその楽器を非常に重視しており、富のある者は高価な銅鼓を買って保管し、旧正月あるいは重要な祭りの際に持ち出して演奏するという。また1994年度の貴州省政府の銅鼓に関する統計によると、三都スイ族自治県には520個の銅鼓が保存されているという。1958年には中国政府が行った「鋼鉄運動」の影響で、荔波県瑶麓ヤオ族郷の100個の銅鼓が政府によって押収されたが、1993年にはこのヤオ族郷で元郷長の葬儀を行う際に、昔から保存されてきた13個の銅鼓によって葬儀の音楽が演奏されている。また、ベトナムの首都ハノイの歴史博物館などには多くの銅鼓が陳列されている。これらの銅鼓の鼓面に描かれた図柄、および銅鼓に付けられた飾りものなどは、ヤオ族銅鼓文化の研究に重要な参考となる図像学的資料であるということができる。銅鼓は中国南部の少数民族居住地域および東南アジアの諸地域に分布する重要な打楽器であるといってよいであろう。

## 4. ヤオ族銅鼓の演奏方法

　前述の南北朝時代の范曄『後漢書・馬援列傳』列傳巻第14（374頁）には、唐時代の李賢が付した注解に、古代銅鼓の演奏方法について次のような記載がある。

　　「俚獠鋳銅為鼓…初成、懸于庭、招至同類…豪富子女以金銀為大釵、執以叩鼓、叩竟、留遺主人也。」
　　（俚獠族は銅で鼓を作る。村人は朝から製作したばかりの銅鼓を家の庭の横柱にかけ

て、銅鼓を愛する人びとを招いている。金持ちは金銀で作った大きな箸で銅鼓の鼓面を叩き、叩き終わると箸を銅鼓の持ち主に与える。)

　この文献に書かれた内容は、前述の『隋書・地理志』にある銅鼓の記述と類似するところが多いが、『後漢書』の「叩竟」と『隋書・地理志』の「竟」を比べると、後者の「竟」は前者の「叩竟」(銅鼓を叩き終わる)と同様の意味を持つことが確認でき、両古文献の銅鼓に関する記述がどちらも同じ記録に基づいて書かれていることがわかる。また、隋時代以前の南部少数民族の社会では、人びとは製作したばかりの銅鼓を丈夫な縄で、庭の上に横向きに架け渡した柱に吊るし、金属の細長い棒(箸)を使って銅鼓の鼓面を叩くという演奏方法を持つこと、隋時代ではこの金属の細長い棒は銅鼓釵と呼ばれることがわかる。また、宋時代の范成大の『桂海虞衡志・制雲』(374頁)にも古代銅鼓の演奏方法が記述されている。

　　「銅鼓、古蛮人所用、……兩人舁行、以手拊之、声全似鞞鼓。」
　　(宋時代以前の南部少数民族は銅鼓という楽器を使用していた。銅鼓を演奏する際には2人で協力して、手で銅鼓を持ちながら演奏し、その音色は鞞鼓の音に似ていた。)

　この文献に示される古代銅鼓の演奏方法と現代のヤオ族銅鼓の演奏方法とを結び付けて考えると、古代銅鼓の演奏方法は、丈夫な縄で銅鼓の一端を細長い木の棒に結び付け、2人の演奏者がその棒をそれぞれ肩に担いで銅鼓を吊るし、手で直接に鼓面を叩くというものであったことが推測できる。さらに、清時代の屈大均の『廣東新語』巻16(929頁)では古代銅鼓の演奏方法について次のように述べられている。

　　「蛮者…或以革掩底、或績水瓮中、蓋而撃之。」
　　(南部の少数民族は動物の皮で銅鼓の底を覆うか、あるいは水がめを銅鼓の空洞部に入れて、叩いて演奏する。)

　以上のような文献の記述からは、時代の変遷にともなって、清代以前の少数民族が銅鼓の大きさや特別な音色に対する要求などに応じて、さまざまな演奏方法を工夫してきたことがわかる。『後漢書』に記述される銅鼓は、比較的大型の銅鼓である。このような銅鼓を演奏する際には、前述の『桂海虞衡志』で

示されている2人で協力して演奏する方法ではなく、銅鼓を丈夫な縄で、庭の上に横向きに架け渡した柱に結び付け、吊り下げて演奏するという方法を採用するしかないものと思われる。

　筆者は2001年に広西チワン族自治区南丹県の白褲ヤオ族の村でフィールドワークを行った際に、地元の人びとが銅鼓を演奏するありさまを見ることができた。現代の銅鼓の演奏も、『桂海虞衡志』に示されるような、2人で協力して木の棒を肩に担ぎ、銅鼓を吊り下げて演奏するものであるが、演奏方法は異なっている。すなわち、手で直接に鼓面を叩くのではなく、細く短い木の桴で鼓面を叩くのである。中国南部の晋寧石寨山地区にある漢代の少数民族の墓から発見された古代の銅器の表面には、踊りの図柄が描かれており、そこには2人の人物が銅鼓を吊った棒を肩に担いで歩きながら、手で銅鼓の鼓面を叩くという演奏のありさまを見ることができる。細く短い木の桴で鼓面を叩くという演奏方法は、『後漢書』に記される、大きな箸で鼓面を叩くという演奏方法との共通性を見ることができる。また、先述の石寨山地区の墓から発見された銅器の表面には、銅鼓演奏の図柄も描かれており、そこには縦に並べた2本の丸太の上に細長い木の棒が載せられている。古代人は銅鼓と銅錞于を細長い木の棒に掛け、桴を使って叩いて演奏した。このことから、宋時代以前の民間において、2人の演奏者が協力して手で鼓面を叩くという演奏方法がすでに採用されていたこと、古代人が銅鼓を演奏するときの持ち方や叩き方が、現代のヤオ族の社会においても依然として伝承されていること、などが確認できる。

　広西チワン族自治区南丹県に住む白褲ヤオ族の銅鼓演奏者の話によると、銅鼓の演奏は誰にでもできることではなく、銅鼓の演奏者になるには一定の技術的修練が必要であるという。一般的にいえば、銅鼓を演奏するときには大きな音が出るため、屋外で演奏することが多いが、場合によっては家の中で演奏することもある。たとえば、南丹県の白褲ヤオ族は旧正月を迎える際に、銅鼓を持つ家の人びとみなが自分の家に保管されている銅鼓を屋上の横木に吊って演奏する習慣がある。しかし、「吹牛送葬」（故人の送葬に際して牛を殺すこと）の儀式を行うときには、銅鼓演奏者は屋外の平地を演奏場所とし、前述の漢時代の少数民族が銅鼓を設置した方法と同じく、地面に挿した2本の円い柱の上に細長い木の棒を載せている。そして、2人1組になった演奏者たちは次

のような動作を行う。まず、演奏者たちは縄で銅鼓の一端にある耳と木の棒を繋ぐ。1人の演奏者は、左手に木の桴を持って銅鼓の鼓面を、右手に竹の桴を持って銅鼓の胴体をそれぞれ叩く。もう1人の演奏者は両手で木の桶を上下左右に動かしながら、桶に入れた空気の量によって銅鼓の音色を変化させるのである〈写真18〉。

写真18 広西チワン族自治区南丹県白褲ヤオ族の演奏者が木の桶を銅鼓に近づけて音色を変化させる様子
（2001年9月11日、著者撮影）

　中国南部の地区に住む少数民族の銅鼓の演奏は、彼らの祭祀儀礼と密接な関係があり、演奏の目的によってさまざまな演奏方法があるのみならず、演奏の前に一定の儀式を行うこともある。たとえば、南丹県の白褲ヤオ族は集団で銅鼓を演奏する前に、銅鼓を祭る儀式を行う習慣を持っている。屋外にある銅鼓の演奏場所に多くの銅鼓を並べてから、村の長老は銅鼓の前に食べ物と酒を置き、3本の香柱に点火して、まず銅鼓の演奏を導く役割を担う大きな皮の鼓を祭る。その後、長老は祭祀の言葉を朗誦しながら、酒を付けた稲穂を持って銅鼓の周りを拭き清める。銅鼓を祭る儀式を完了した後、長老は大きな皮の鼓を3回叩き、次にそれぞれの銅鼓を順番に叩いていく。長老の演奏が終わると、集団での銅鼓の演奏が正式に始まるのである。このような銅鼓演奏に際しての習慣を見ると、ヤオ族の人びとが銅鼓を大切な楽器として崇拝し、村の人びとから尊敬される人物が演奏前の儀式を行う権利があることがわかる。そして、このような習慣を前述した隋唐時代の南部の少数民族の社会において、銅鼓を所有する人は部族の長老と見なされて尊敬を受けていたということと関連づけて考えると、古い時代の銅鼓に対するイメージが現在のヤオ族社会にもまだ残っていることが明白となるのである。

## 5. 中国南部銅鼓の社会的機能

　銅鼓は、中国南部ヤオ族など少数民族の居住地区、および東南アジアの各国でよく見られる、長い歴史を有しデザインも精緻な打楽器である。前述のように、銅鼓は打楽器として使われると同時に、部族の長老の権力と富裕を象徴するものでもある。銅鼓は独特な楽器、あるいは神器として、なにゆえ1000年を経て現在までもヤオ族などの住む地区において伝承されてきたのか、注目すべきものがある。本節においては、古代社会の人びとが銅鼓の鼓面および胴体に刻んだ図柄によって、どのような民族意識と生活情景を表現したかったのか、人びとはなぜ集団で銅鼓の演奏を行うことが多いのか、さらに社会において銅鼓は本来どのような価値を持つのか、などの問題を解明しようと試みるものである。

　銅鼓は雄渾な音色を持つことから、ヤオ族などの少数民族に歓楽と鼓舞を与えるのみならず、銅鼓自体その広壮な胴体と美しいデザインゆえに、都市の博物館に欠かせないものとして陳列され、人びとから鑑賞されるという社会的機能を有する。現在、広西チワン族自治区の区都である南寧市や、雲南省の省都昆明市などの大都市においては、建築物の前や街の中心部で飾り物として模造された巨大な銅鼓の姿を見ることができる。銅鼓は中国南部少数民族の社会を象徴する打楽器であるといってよいであろう。

　現在まで保管されてきた、古い時代の銅鼓の胴体に描かれた図柄から、近代以前の少数民族の生活状況や風俗習慣などを知ることができる。それらを通じて、当時の彼らの社会のありさまをある程度知ることが可能となる。銅鼓は中国南部少数民族の主要な打楽器として、いくつかの社会的機能を有する。このような社会的機能は、銅鼓の胴体に描かれた図柄や銅鼓本来の役割などに見ることができる。銅鼓の胴体に描かれた図柄のうち、主要な図柄は太陽をかたどった紋様と舟をかたどった紋様の2種類である。これらの紋様は、一定の社会的機能が銅鼓の図柄に反映されたものであると考えることができる。

## （1） 太陽の紋様について

　前述したように、銅鼓の鼓面の周囲には12本の線状のものが四方に向かって引かれている。これは「太陽の紋様」といわれ、銅鼓の製作が始まって以来、もっとも基本的な図柄となっている。私の知る限りでも、原始的な形態をとどめた銅鼓以外にも、多くの銅鼓の鼓面に太陽の紋様が描かれている。基本的に、粤系の銅鼓は8本もしくは10本、滇桂系の銅鼓は12本の太陽の紋様を持つ。これらの数字からは、古代人が偶数を好んでいたことがわかる。漢時代の應劭の『風俗通義・三皇』第1巻（3頁）には次のように書かれている。

　　「遂人以火紀。火、太陽也。」
　　（火を崇拝する民族人は火で神霊を祭祀している。これは火が太陽の象徴となるからである。）

　太陽は生物の成長に欠かせない光と熱を与えてくれる源である。太陽の中心部に目を向けると、大きな火の塊が燃えていることが私たちにも感じられる。太陽は生物の生存に重要な役割を果たすものであるため、原始部族の人びとは太陽を非常に崇拝している。現在、我々は銅鼓の鼓面に見られる8本から12本の線紋が、古代人の太陽を崇拝した証明であると認識できる。そして、銅鼓の胴体や鼓面には羽人舞楽や舟の競争などの図柄が描かれており、これらは鼓面にある太陽の紋様の方向に向かって配置されていることから、人びとが生命の源である太陽を神として崇拝することの反映であると推測される。

　また、ある意味では、銅鼓の鼓面に描かれた太陽の紋様は、古代人の自然崇拝としての太陽に対する崇拝を表すとともに、彼らが互いの団結心を高めるための象徴でもあったといえる。彼らが銅鼓を演奏した際の情景は、現代の広西チワン族自治区南丹県の白褲ヤオ族が集団で銅鼓を演奏する様子にうかがうことができる。祭りを行うときに、人びとは太陽の神でありヤオ族の祖先でもある「盤古王」の子孫として、12本の太陽の紋様が描かれた鼓面を叩く。そして、銅鼓の演奏を通じて、人びとの間に日常生産活動において互いに協力し、民族の発展に貢献しようという意識が共有されるのである。現代のヤオ族の社会においては、銅鼓を所有する者が必ずしも一定の地位と権力を持つ人物とは限らないが、前述のように、集団で銅鼓演奏を行う前に、村人から尊敬される人物あるいは長老が頼まれて儀式を行う習慣がある。これは昔の銅鼓に対

するイメージが現代のヤオ族の社会に伝承されている1つのケースである。現代の人びとは太陽の紋様を持つ銅鼓を演奏するときに、鼓面に描かれた線紋に込められた特別な意味を必ずしも認識しているとは限らないが、彼らが集団で銅鼓を演奏する様子からは、太陽の紋様に表される古代人の太陽神崇拝がヤオ族の祖先である「盤古王」に対する崇拝へと形を変えて受け継がれているさまを見ることができる。そこでは、銅鼓は社会における階層や権力の所在から切り離されて、特定の人物と結び付けてイメージされているのである。

近代以前の社会においては、銅鼓は所有する人に権力を保証する証しとなるものであり、祭祀儀礼における「神器」(神の物)、人びとに喜びを与え民族意識を高める楽器でもあった。銅鼓はこのような社会的機能を有するゆえに、近代以前から現代に至るまで途絶えることなく伝承されてきたのである。このような不思議な力は、銅鼓の鼓面にある太陽の紋様から直接または間接にもたらされたと考えられる。人が生きるのに必要なエネルギーを与えてくれる太陽の神に感謝するために、太陽の紋様を持つ銅鼓が演奏され、太陽神に供えられるのは自然なことである。

さらに、銅鼓の胴体に描かれている各種の図柄には、太陽の紋様と組み合わせて太陽の力を強調するという働きがある。一例を挙げると、銅鼓の鼓面には二か所に農村でよく見られるカエルのような動物をかたどった立体的な装飾が取り付けられている。カエルは両生類であり、成長には水と光が必要である。古代人は、カエルを太陽の力を借りて降雨をつかさどる生き物と見なし、自然被害を避けることができるようにとの願いを込めて、鼓面にカエルを置いたのではないかと考えられる。また、中国南部少数民族のうちでは、主に農業および林業に従事する山地民族がもっとも多い。植物が育つためには太陽の光と雨が必要である。ヤオ族は山地に居住する農耕民で、耕作できる土地が少ないため、狩りや林業に従事することが日常生産活動として欠かせない。それゆえ、生き物の成長に重要な光と熱を与えてくれる太陽に対する崇拝を非常に心に掛けている。ヤオ族が彼らの祭祀儀礼において、太陽の紋様を持つ銅鼓を演奏する習慣は、このような意識に由来するものではないかと思われる。

## （2）　舟の紋様について

　興味深いことに、古代人は銅鼓の鼓面に太陽の紋様を描く以外にも、銅鼓の胴体に舟をかたどった紋様も描いていた。銅鼓の社会的機能がこのような舟の紋様にどのように反映しているかについては、次のように考えられると思う。銅鼓は楽器として演奏されるときに、人びとの喜びや悲しみなどの感情を表すことができる。現代のヤオ族の銅鼓演奏は、演奏の目的などに応じて1人か2人で演奏することもあるが、多くは3人以上の集団での演奏である。銅鼓の胴体に描かれた細長い舟の図柄からは、古代人が集団で舟を運航し、6人以上の人が舟に乗っていることが見て取れる。集団で活動することはヤオ族の人びとにとって重要な行動である。特に山地に居住するヤオ族は、耕作できる土地が少ないので、生きるために人びとは互いに協力して山地特有の自然環境と戦い、さまざまな生産活動を工夫している。現在のヤオ族の社会では、村の誰かの家で結婚式や新築祝い、葬儀などを行うときに、村人たちはみな家を出て儀式に参加する。つまり、現在においても近代以前と同様に経済力が発達していないヤオ族の人びとにとっては、集団で行動することが生産活動や日常生活において欠かせないことがわかる。現在のヤオ族の社会では、大きな祭りを行うときに、村人たちが多くの銅鼓を1つの場所に集めて、集団で銅鼓を演奏することがあるが、近代以前の少数民族の社会では、戦争を行う際に、士気を鼓舞するため指揮官が兵士たちに命令して多くの銅鼓を集めさせ、集団で演奏させることもあった。

　また、前述のように近代以前の社会においては、銅鼓は高価なもの、あるいは大切なものとして認識され、生物の成長に欠かせない太陽の神を崇拝して、太陽の光線を象徴する紋様が銅鼓の鼓面に描かれていた。主に焼畑農業に従事する少数民族は、太陽以外にも植物が成長するために欠かせないものとして水と降雨を常に求めている。現在、広東省連南地区に居住する排ヤオ族は、年中行事として「龍舟競渡」（longzhou-jingdu、集団での舟の競争）という水と関係ある祭りを行っている。この「龍舟競渡」という祭りは、毎年6月に行われることが習慣となっている。なぜなら、この時期にはしばしば大雨が降り、河の水が急に増えるからである。夏に雨が降らない日が多くても、豊富な河の水があれば焼畑の作物の成長に欠かせない水を長期的に確保することができる。

人びとは集団で「龍舟競渡」などの水に関わる娯楽を通じて、雨の神に感謝する気持ちを表すのである。そして、祭りに参加する人びとは10人以上で1組となり、競争用の丸木舟に乗り込む。競争が行われるときには、銅鼓は演奏されないものの、長鼓や銅鑼などの打楽器はよく用いられる。これら長鼓や銅鑼の演奏および人びとの声援の中で、数10艘の丸木舟が一斉に河の中心部に向かって激しい競争を行うのである。また祭りの期間中には、村人たちは祭りの雰囲気を高めるために、歌垣も開催する。

　このような現在のヤオ族の水と関わる祭りと同様に、近代以前の少数民族も雨を求めて水と関係ある祭りを行ったものと推測される。古代人にとって、生存に必要な水を与えてくれる雨の神は太陽の神と同様に崇拝の対象であり、雨の神を祭る象徴として舟の紋様を高価な物である銅鼓の胴体に描き、雨の神を敬う気持ちを一層高めたと考えられる。また、現代の「龍舟競渡」において、楽器の演奏により祭りの雰囲気が高まる効果がもたらされていることから考えて、古代人も「龍舟競渡」に類した雨の神に感謝する祭りを行う際に、楽器を演奏したものと推測される。問題は、現代の「龍舟競渡」の際に、銅鼓が演奏されず、かわりに長鼓と銅鑼が演奏されるということである。私の知るところでは、広東省連南地区の排ヤオ族は、毎年11月下旬に行う伝統的な祭り「要歌堂」の期間中、村の路上で行われるパレードにおいて、長鼓、銅鑼、牛角、ソナなどの打楽器や管楽器を演奏している。ヤオ族の社会では、排ヤオ族は長鼓の演奏および長鼓舞を行うことで有名であるが、銅鼓はあまり演奏されていない。そのため、舟の競争に声援を送るときにも、演奏者は使い慣れた楽器を選ぶこととなり、舟の紋様を持つ銅鼓の演奏が行われていないのも不思議ではないと思われる。

　近代以前の社会において「龍舟競渡」のような祭りを行うときに、銅鼓が演奏されていたかどうかについては、次のように推察される。考古学上の発見によると、広西チワン自治区貴県の羅泊湾で発掘された漢時代の墓から出土した銅鼓の胴体には舟の紋様が描かれていた〈写真14〉。これにより、漢時代以前の南部の少数民族社会では、「龍舟競渡」のような祭りがすでに行われていたものと推測される。前述の歴史文献の記載によると、現在排ヤオ族の「龍舟競渡」において使われる長鼓は、主に隋唐時代から発展を遂げてきた打楽器であ

る。また、羅泊湾の漢時代の墓から同時に出土した前漢初期の百越銅鑼も、現在排ヤオ族が用いる銅鑼の形に近く、現在までに中国において発見された最古の銅鑼の実物である。注目すべきは、その百越銅鑼の表面に「布」という文字が刻まれていることである。現在の広西チワン自治区貴県は漢代には布山県と称されており、その百越銅鑼も漢代の布山県で作られた可能性が高い。また、唐時代の杜佑の『通典』巻144（752頁）には次のような記載がある。

> 「銅鈸、亦謂之銅盤、出西戎及南蛮、…以南蛮国大者圓数尺。」
> （銅鈸は銅盤ともいわれ、西部および南部の少数民族居住地区で流行している打楽器である。そのうち、南部少数民族の地区で使われている大きな銅盤は円形で直径数尺に及ぶものもある。）

この文献に記される円形の銅盤の形状は、現在の銅鑼の形状と類似するといえるだろう。また、宋時代の陳暘の『楽書』楽書巻125（547頁）には次のような記述がある。

> 「後魏自宣武以後、始好胡音。洎于遷都…打沙鑼。」
> （南北朝時代の後魏の宣武年間以降、漢族以外の音楽が好まれるようになった。首都を遷移する以後から、沙鑼という打楽器を愛して叩いている。）

陳暘は北宋時代に活動した学者である。彼が記した南北朝時代後魏の宣武年間（西暦6世紀）の沙鑼と呼ばれる楽器は、当時民間にあった円形の銅盤のような打楽器であった可能性があり、隋唐時代以前の南北朝時代にすでに銅鑼のような打楽器があったことは疑いない。隋唐時代以前の社会において、銅鑼は銅鼓と同様に儀式と習俗に使われている打楽器であったことは確かである。このことから、現在排ヤオ族の「龍舟競渡」の際に使われている銅鑼は、漢時代から受け継がれてきた打楽器であることが確認できる。文献資料の限りでは、現在ヤオ族が用いている長鼓は、隋唐時代からの打楽器であり、漢時代の「龍舟競渡」において使われた可能性があるかどうかが判断できないのである。このことと、実物としての羅泊湾の漢時代の墓から出土した舟の紋様を持つ銅鼓および百越銅鑼の存在を考慮すると、漢時代の南部の少数民族の社会では、集団で「龍舟競渡」のような祭りを行う際に、主に銅鼓や銅鑼などの打楽器が演奏されることがあったのではないかと推測される。

### (3) 銅鼓の役割について

　漢時代の墓から銅鼓の実物が出土したこと、および現在のヤオ族社会に行われる年中行事において銅鼓が使用されていることから、中国南部における銅鼓文化は2000年以上の歴史を有するといえよう。この長い歴史において、銅鼓は中国南部少数民族の社会と文化の形成に重要な役割を果たしてきた。ここでは彼らの社会における銅鼓の主な役割について考えてみたい。

　『隋書・地理志』志第26巻（422頁）には次のような記載がある。

> 「諸獠…欲好相殺、多構讐怨。欲相攻、則鳴此鼓、到者如雲。」
> （各グループの獠族はお互いに怨恨による戦争をしばしば行う。そして、彼らは戦争を行う際、多くの人びとを集めるために銅鼓を叩く。）

　現代のような通信手段が存在しなかった近代以前の社会では、銅鼓を叩いてその特有な響きによって人びとを集めるという方法が採用されたと思われる。銅鼓の重要な社会的役割の1つとして、このように人びとに戦争の始まりを知らせることが挙げられる。また、明時代の朱国楨の『湧幢小品』巻4（1916頁）には次のように書かれている。

> 「凡破蛮、必稱獲諸葛銅鼓。」
> （南部少数民族の勢力を打ち破ると、諸葛と称される銅鼓を必ず手に入れた。）

　明時代以前の南部社会では、民族同士の紛争などを原因として行われた戦争において、ある勢力が敵方の銅鼓を獲得したならば、それは敵方を打ち破った象徴となるものであった。前述のように当時の社会において権威を持つ者は銅鼓を管理する資格を有していたため、部族の首領が管理している銅鼓が一旦失われると、その権威および支配力も失われることを意味したと思われる。また、『舊唐書・南蛮列傳』列傳巻第147（1523頁）には次のような記載がある。

> 「有功労者、以牛馬、銅鼓賞之。」
> （功績があった者には、牛馬および銅鼓を褒美として与えた。）

　さらに『宋史・蛮夷列傳』列傳巻第252（5818頁）には次のような記載もある。

「(乾徳)四年、南州進銅鼓、内附下渓州刺史田思遷亦以銅鼓、虎皮、麝臍来貢。」
(乾徳四年(西暦966年)、南州の少数民族の首領が銅鼓を貢ぎ物として宋朝廷に捧げた。下渓州の刺史田思遷も銅鼓や虎の毛皮、および麝香を貢ぎ物として捧げた。)

　当時の南部の少数民族社会では、銅鼓は高価なものと認識されており、また南部の少数民族居住地域における特有の楽器として人びとに知られていた。当時の少数民族の首領が、功績のあった部下に褒美として銅鼓を与え、あるいは自己の勢力範囲を中央王朝から認めてもらうために銅鼓を貢ぎ物として捧げたのは、高価な特産品である銅鼓によって忠誠や信任を確保することを望んでのことであったに違いない。

　現代のヤオ族社会においては、銅鼓は楽器として娯楽に使われることが普通である。これは銅鼓のもっとも基本的な役割といえる。平和な現在のヤオ族社会では、近代以前のような民族紛争や高価な品物を中央王朝に捧げる必要などがないため、娯楽の活動が次第に盛んになってきている。銅鼓はそこにおける重要な伴奏楽器としての役割を果たしているのである。広西チワン族自治区の都安地区に居住する布努ヤオ族は、毎年5月29日に「祝著節」(zhuzhuojie、祝著は布努ヤオ族の言語で5月29日を指す)を開き、彼らの祖先である「密洛陀」の祭祀を行う。この盛大な祭りでは、各村の人びとは羊や鶏を殺して宴会を催し、その際には音楽も演奏される。村人たちは酒と料理を携えて音楽が演奏される場所に集まり、銅鼓や大鼓(木で作られた胴体の両側に鼓面を持つ太鼓)、ソナの伴奏で伝統舞踊を行う。そこにおける活動のうち、銅鼓を叩くことや銅鼓舞を踊ることは祭りにおいて大きな位置を占めるものであり、銅鼓の独特な響きによって祭りの雰囲気が一層高められるのである。また、貴州省の瑶山ヤオ族の村落においても、毎年旧正月に銅鼓を叩くことは村人にとって欠かせない伝統的な娯楽となっている。そこでは、多くの銅鼓と木鼓(桐の木を輪切りにし、中心部をくりぬいて作った鼓)の合奏により、旧正月を祝う楽しい雰囲気が醸成される。このような娯楽における楽器としての銅鼓の役割は、古代南部少数民族の社会にも見られたものである。前述した広西チワン族自治区貴県の羅泊湾において発掘された漢代の墓から出土した銅鼓の胴体にも、古代の人びとが舞踊を行う図柄が描かれていた〈写真14〉。ここから、漢代の南部の少数民族社会では、銅鼓を伴奏とした舞踊が行われていたと推測さ

れる。また、『舊唐書・南蛮列傳』列傳卷第147（1523頁）には次のような記載がある。

「東謝蛮…讌聚、則擊銅鈹吹大角、歌舞以為楽。」
（東謝蛮という少数民族は宴会を催すときに、銅鼓を叩き大角を吹いて、歌舞を行う。）

また、清時代の屈大均の『廣東新語』巻16（93頁）にも、銅鼓が娯楽に使われる記述が見られる。

「粤之俗、凡遇嘉礼、必用銅鼓以節楽。」
（広東省の少数民族の風俗として、祝い事があれば必ず銅鼓を演奏し、音楽演奏のリズムを調和させる。）

これらの記述とさらに前述した明時代の魏濬の『西事珥』巻4にある「夷俗最尚銅鼓、時時擊之以為楽」の記述を併せ見ると、清時代以前から現在に至るまで、銅鼓は中国南部少数民族の娯楽に欠かせない打楽器として使われてきたことが明らかである。銅鼓の大きくよく通る音響的特徴ゆえに、南部の少数民族の社会においては、清時代以前と現代のいずれにおいても賑やかな娯楽を行う際には銅鼓が用いられる。これは、本来の楽器としてのあり方を示す銅鼓の主要な社会的機能であるといえよう。

# 第 IV 部

## ヤオ族の歌掛けを中心とする音楽文化

## はじめに

　民謡は、民間において伝承され、歌い継がれてきた詩歌、民間の歌謡である。世界の各地に住んでいる人類は、経済や文化などの発達のいかんにかかわらず、それぞれの民族に民謡が伝承されているという事実は否定できない。人類の音楽文化が誕生して以来、喜びや悲しみなどを表現するときには、歌を歌うことがもっとも基本的な方法であった。これは楽器を持っているか、一定の水準まで音楽の訓練を受けたかなどにかかわらず、人間にとって歌を歌うことは誰にでも可能な行為であるからと思われる。また民謡の形成と伝承は、各地域の自然環境や社会環境、宗教活動などと深く関わりを持っている。第Ⅳ部（第１章および第２章）においては、主に現地調査から得られたデータや歴史文献、地域環境などを手掛かりとし、比較研究の方法により、中越国境に位置する雲南省河口ヤオ族自治県やベトナムのラオカイ省、広西チワン族自治区の金秀大瑶山などの地域に居住するヤオ族の民謡に代表される音楽文化について概観する。

# 第 7 章
# 各地域のヤオ族の民謡

　ヤオ族は、主に中国南部の雲南省、広西チワン族自治区、湖南省、貴州省、広東省に居住する〈地図2、ヤオ族の居住地を○で示す〉のみならず、ベトナム北部のラオカイ省などにも居住している。このような「大分散小集中」を特徴とする分布状況ゆえに、各地のヤオ族の間では文化などにおいて相互の交流は限られているものの、数多くの種類の民謡がそれぞれの地域に伝承されて

地図2　中国南部ヤオ族の主要な分布図
（参考：広西チワン族自治区『瑶族』畫冊編集委員会編『瑶族』「瑶族分布図」
　北京：人民出版社、1990年）

いる。本章の前半部分では、主に中越国境に位置する雲南省河口ヤオ族自治県やベトナム・ラオカイ省に居住するザオ族の民謡を中心に述べるが、ヤオ族民謡の作詞法の多様性、歌唱法の複雑さ、民謡の伝承状況などを究明するためには、ヤオ族が集中して分布する広西チワン族自治区の金秀大瑶山に居住するヤオ族の民謡について分析することも重要であると考える。

## 1. 中越国境近辺のヤオ族居住地域の概況

### （1） 地理環境

　中越国境に位置する河口ヤオ族自治県は、雲南省南部の紅河ハニ族イ族自治州の東南部に位置し、面積は1332km²、東北は馬関県、西は金平ミャオ族ヤオ族タイ族自治県、西北は個旧市、北は屛辺ミャオ族自治県に隣接している。南は紅河、東南は南溪河をはさんでベトナムと接し、国境線の全長は193kmである。地形は、北部が高く南部が低く、山地が総面積の97％を占めている。熱帯雨林気候に属し、平均最高気温は40℃、平均最低気温は19℃である。このように一年を通じて温暖な気候であるため、物質文化に乏しい山地民族にとっても比較的住みやすい自然環境といってよいであろう。河口における人類の足跡は古く、1982年には考古学者により孤山穴という洞穴から、3万年以前の旧石器や新石器、青銅器などが発見されている。

　一方、ベトナム北部に位置するラオカイ省は、国境を隔てて中国雲南省河口ヤオ族自治県などと接するラオカイ市とカムドゥオン市、およびサパなど8県からなり、面積は8,050km²である。この地方は鉱産資源に恵まれており、銅鉱山や年産2万tの銅精錬工場などがある。豊富な鉱産資源ゆえに、楽器には銅を材料としたものが少なくない。前述したバオタン県のDao Ho族の「土鼓」やサパ県の市場のあちこちで見られる紅ザオ族の口弦（口琴）などは、いずれも銅を材料として作った楽器である。また、ベトナム最高峰のファンシーパン山に近い避暑地サパは、ラオカイ市から30kmのところにある。筆者がベトナムの紅ザオ族の音楽を調査するためにサパ県に行った際には、夏であったが一日の平均気温は20℃前後であり、ラオカイ市の気温よりも15℃ほど下

回っていた。このような過ごしやすい気候のため、サパ県に行く旅行者は年々増えており、サパ県に居住する少数民族の中には、旅行者相手に土産物を販売したり、民族芸能を演じて見せたりする仕事に従事する者が多い。紅ザオ族と黒フモン族も旅行者を喜ばせるために、互いに競い合ってそれぞれの伝統芸能を演じている。

（2）　民族の分布

　雲南省河口ヤオ族自治県は多民族が居住する県である。1987年の雲南地方政府の人口統計によると、県の人口は6万7,475人であった。そのうち、ヤオ族は県の自治民族と位置づけられており、人口は1万6,523人で県総人口の24.5％を占めている。その他には漢族、チワン族、ミャオ族、イ族、タイ族などが居住している。河口のヤオ族は、主に3つのグループのヤオ族に分けられる。各グループのヤオ族の分布範囲は、藍靛ヤオ族は主に瑶山郷と老範寨郷に、沙ヤオ族は主に馬蝗堡農場に、紅頭ヤオ族は主に南溪農場および壩洒農場にそれぞれ居住している〈地図3〉。

　ベトナム北部に位置するラオカイ省は、中国南部と国境を隔てて接してい

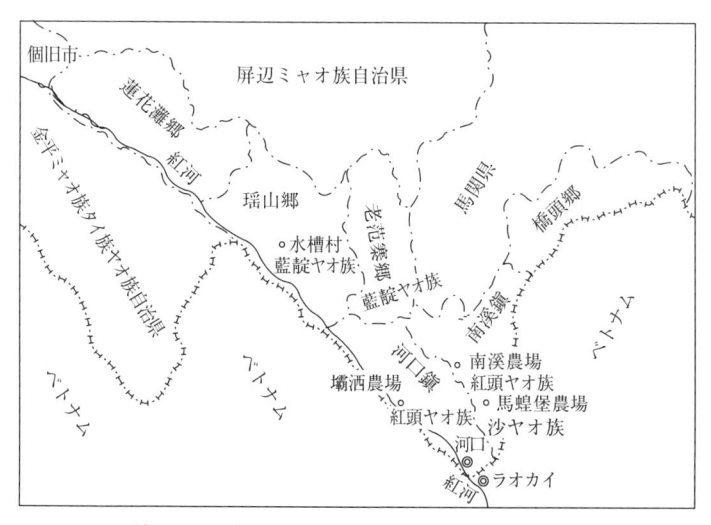

地図3　雲南省河口ヤオ族自治県のヤオ族分布図
（参考：河口ヤオ族自治県地方志編纂委員会編『河口県志』「河口瑶族自治県
　行政分布図」北京：三聯書店［生活・讀書・新知］、1994年）

るため、中国に居住する少数民族のうち、ミャオ・ヤオ語系のミャオ族（ベトナムにおける名称はフモン族）とヤオ族を中心に、多くの民族がラオカイ省にもまたがって居住している。1999年のベトナム政府の人口統計によると、ベトナムに住むザオ族（Dao）の人口は約62万人であった。そのうちの一部は、フモン族（Hmong）、タイー族（Tay）、ザイ族（Giay）、ハニ族（Ha Nhi）、ロロ族（Lo Lo）、ボイ族（Bo Y）とともにラオカイ省に居住している〈地図4〉。ベトナムのザオ族は中国のヤオ族と同様に焼畑農業などを生業とし、かつ高い山地に居住するため、ベトナムの主要民族であり発達した文化を有するキン族との接触が少なく、自民族の伝統文化がいまだに伝承されている。

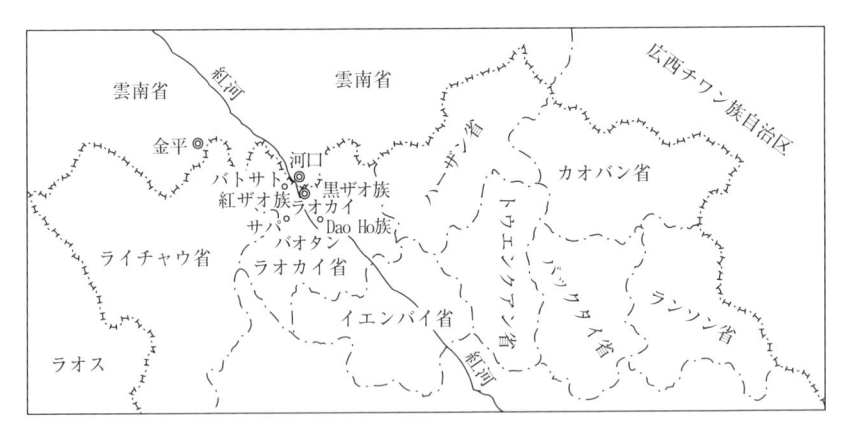

地図4　ベトナム北部ラオカイ省のザオ族分布図
（参考：ATLAS QUOC GIA VIET NAM "Administrative map of S.R.V" Ha Noi: Xi Nghiep Ban Do-TONG CUC DLA GHINH 1996）

### （3）移住の経緯

筆者が2000年に河口ヤオ族の居住地においてフィールドワークを行った際に、ヤオ族の人びとに彼らが元来どの地方に住んでいたかについて質問したところ、約200年前に広西地区から雲南河口に移住してきたと答えた。そして、河口ヤオ族自治県文化局職員廖紀文氏のヤオ族移住経緯の説明によると、ヤオ族が雲南の河口に移住した経緯は、まず盤姓、李姓、趙姓などの大家族が、広西の恭城東郷から楽昌府、象州府を経由して、雲南の開化（現在の文山）、蒙自、臨安（現在の建水）などに移り住み、それらの一部が、清時代の乾隆

45年（1780年）に河口大囲山一帯に位置する瑶山郷や老範寨郷、蓮花灘郷などに再移住したことが明白である。さらに、『河口県志』91頁にある「瑶族」という解説文を読むと、現在河口ヤオ族の先住民は清時代の乾隆、嘉慶年間（1736〜1820年）にすでに河口地区に居住していた。彼らの河口に移住した経緯は広西から雲南文山また臨安を経由し、一部の人が広西西南部からベトナム北部に入り、ベトナム北部を経由して河口に移住してきたことがわかった。

また、中国国家新華社記者張加祥は、1971年から1995年まで3回にわたって約3年間という長い期間ベトナムに滞在し、中国系ベトナム人の生活や移住状況などを調査すると同時に、翻訳の仕事に従事した。張加祥と兪培玲が共同で執筆した『越南』にある「フモン族とザオ族」という節によると、現在ベトナム北部に居住するザオ族は、元来中国南部から移住してきた人びとである。社会的、経済的原因により、一部のヤオ族は明代から集団ごとに複数の経路を伝ってベトナム北部の山地に移住を開始した。それらのうち、前出の白褲ヤオ族が広西からまず中越国境近辺に移動し、ベトナムのランソン、カオバン、ターイグエンなどを経て、イエンバイに到達した。そのうちの一部が紅河に沿ってさらに進み、ラオカイに至って現在の Dao Ho 族となったことを知った。また、ハノイ鉄道旅行会社ラオカイ分社黒ザオ族出身の職員鄧明光氏、およびサパ県城の市場で商売する紅ザオ族出身の老人の話によると、彼らの先祖は約100年前に中越国境の河口地区からラオカイ地区に移住してきたという。上述のように、当地のザオ族出身の人びととの話とベトナム滞在記者などの論述は、前述の第5章にある民族学者范宏貴によるザオ族の移住史研究の結論と大体一致する。

（4）　言語と文字

河口ヤオ族の言語は、シナ・チベット語族ミャオ・ヤオ語系のヤオ語支に属している。筆者はベトナムにおいて、かつて中国の河口において調査した際に紅頭ヤオ族から学んだ簡単な歌の歌詞を、ベトナムに住む紅ザオ族の歌い手に聴かせたところ、その意味をある程度理解することができた。しかし、同じ歌詞を同じくベトナムに住む黒ザオ族や中国に住む藍靛ヤオ族の歌い手に聴かせても、彼らはその意味を理解することができなかった。このことから河口ヤ

オ族の言語は、紅頭ヤオ族語と藍靛ヤオ族語の2つの系統に分かれ、それぞれの間では互いに通じない状況であることがわかる。なお、河口に居住するもう1つのグループである沙ヤオ族は、藍靛ヤオ族と同様な言語を使用しており、ベトナムの黒ザオ族と同じ言語系統に属している。

　ヤオ族は固有の文字を持たず、漢文を彼ら独自の発音で読み、漢字によって民族の歴史や物語、碑文を記録している。また河口ヤオ族は、漢字で経文や歌謡などを書き記す習慣をいまだに保持している。現在、ヤオ族の学者により彼らの言語を表記するための文字が作られているものの、一般にはまだ普及していない状況である。そのため、今日でもヤオ族の村落では、歌詞を漢字で書き記すことによって民謡が伝承されているのである。

### （5）祭祀活動

　河口ヤオ族の祭りは、漢族と共通するものとしては、旧正月を迎える儀式や7月14日に行われる「目蓮節」（mulianjie、祖先の祭祀）などがある。彼ら自身の祭りとしては、3月3日に行われる「盤王節」（panwangjie、ヤオ族の祖先神の祭祀）が代表的なものである。また、ベトナム・ラオカイ省に居住するザオ族も中国のヤオ族と同様に「盤古王」を祭る習慣を持ち、やはり伝説中の「盤瓠」（panhu）をザオ族の祖先として崇めていることが認められる。多くの村では、それぞれの家において先祖の位牌を安置する場所の近くに盤古王の位牌も安置している。ベトナムのザオ族の間で盤古王の祭りが行われる時期は、中国のヤオ族よりも早く、毎年1月20日から30日にかけて、民謡の歌唱や楽器演奏をともなって行われるのが普通である。盤古王の祭りが催されるときには、村の人びと全員が村の広場に集まるため、民謡を若い世代に伝える格好の機会ともなっている。

　また、ヤオ族の間では道教が信仰されており、度戒、打斎、祭龍などの祭祀が行われる。祭祀を行う際には、師公あるいは道師がヤオ族に伝わる経文を詠唱し、神々に人びとの日々の平安を祈願する。現地調査からは、このような儀礼が河口ヤオ族自治県の馬蝗堡農場に居住する沙ヤオ族の間で盛んであることがわかった。河口ヤオ族の師公は祭祀を行うごとに、祭祀の内容に沿って歌詞を変えて、自分で打楽器を打ちつつ民謡を歌う〈写真19〉。このような祭祀か

ら新しい歌詞を持つ民謡が生み出され、定着することもあると思われる。また、社会におけるさまざまな文化を次代に伝えるためには、教育も重要である。ヤオ族の師公によって歌われる歌謡には、若者たちに礼儀や常識を教えるための経文を歌詞とするものも多い。これらの祭祀歌謡は、歌詞の内容が豊かであるのみならず、多くの曲目を有し、その独特な旋律には民族の特色が強く表れている。

写真19 祭祀民謡を歌う雲南省河口ヤオ族自治県南溪農場沙ヤオ族出身の李老満
（1943年生まれ、右側）
（2000年8月30日、著者撮影）

## 2. 中越国境近辺ヤオ族の民謡

### (1)「対歌」の習慣

　ヤオ族は歌を愛する民族であり、多くの村においてさまざまな機会に歌が歌われている。祭りや男女間の求愛、結婚式や葬式などの際には、必ず民謡が歌われる。河口ヤオ族自治県のヤオ族には、親戚や友人を送り迎えする際に、村の入り口において〈迎客歌〉（客を迎える歌）や〈送客歌〉（客を送る歌）などを歌う習慣がある。また送る際には、道の途中において村の人びとと親戚や友人との間で、「対歌」（duige、互いに交替で民謡を歌い合うこと）が行われる。このような「対歌」は、ベトナムのザオ族の間でも行われている。昔から山地に居住してきたヤオ族は、交通が不便であることや経済的貧しさなどから、経済や文化が発達している漢族などとの交流が限られており、都市で音楽を演奏する際に使われる各種の楽器が彼らの住む山地にもたらされることが少なかったため、民謡が彼らの音楽の中心となってきたものと考えられる。

　河口ヤオ族には、民謡に関するさまざまな禁忌が伝えられている。例を挙げると、若い男女の間では「対歌」が禁じられており、また彼らは家で民謡を歌

うことも禁じられている。若者たちを家に招いた際に、家の主人が民謡を歌うことも禁止されている。また、家族の間でも「対歌」は行われない。これらの禁忌には、他の民族における禁忌と同様に、彼らの文化や生活習慣などが反映しているものと思われる。

ベトナム・ラオカイ省のサパ県に居住する紅ザオ族の男女は、恋人や友人を求めて、土曜日の午後から夜にかけて市場において定期的に「対歌」の大会を催していることが知られている。遠い村から市場まで歩いてきた男女は、疲れを知らないかのように長時間にわたって「対歌」を行う。「対歌」において歌われる民謡は、旋律は比較的一定であるが、歌詞は即興で歌われ、気に入った相手には積極的に「対歌」を仕掛けるのである。

河口ヤオ族自治県に居住する藍靛ヤオ族の男女も、サパ県の紅ザオ族と同様に、恋人や友人を求めて「対歌」を行う。正月の時期、青年たちは他の村へ出かけて行き、少女たちを招いて「対歌」を行う。その際に、彼女たちは青年たちの招待を拒否することはできない。もし拒否することがあれば、村の人びとから批判を受けるのである。このように男女が互いに招待し合って「対歌」を行うことは、「定歌」（dingge）と呼ばれている。先に「対歌」に招かれた少女たちは、適当な時期に今度は相手の住む村へ出かけて行き、「対歌」を行うという習慣もある。筆者が河口ヤオ族自治県の瑶山郷で行われる「定歌会」（dinggehui）について調査した結果からも、「定歌」は恋人や友人を求めて行う活動であることが確認された。

これら河口ヤオ族自治県のヤオ族およびベトナム・ラオカイ省ザオ族の居住地では、村落と村落が相当な距離をもって隔てられている。このような居住状況ゆえに、普段は各村落間の交流は限られがちであり、適当な時期を選んで「定歌会」を行うことは、情報交換や若い男女の出会いのために、またとない機会となっているものと思われる。また、集団で「対歌」を行う際には、豊富な経験を有する歌い手が「提詞」（tici、歌詞を読み上げること）の役割を担当し、他の歌い手たちはその「提詞」に従って歌っていくという方法が伝承されている。ヤオ族の社会には漢字で歌詞を表記した歌詞本が広く流布しているため、「対歌」を行う際には表現される内容によってさまざまな歌詞本が用いられている。

（2） 民謡の作詞法

　中越国境近辺に居住するヤオ族の民謡は、歌詞の内容によって抒情歌、叙事歌、生活歌、習俗歌に分けることができる。これらの民謡の表現形式は多様であり、歌詞も精練され隠喩が多用されている。歌詞の長さは、わずか4句から構成されるものから、数10行から100行に至るまでさまざまである。民謡の歌詞には、愛情を歌いこんだものが多く見られる。若い男女は「対歌」によって、自分の思いを相手に伝えるとともに、互いの愛情を表現する。愛情歌の歌詞の特徴は、比喩と優美な言葉によって自分の感情を相手に叙情的に伝える点にあり、そこには彼ら独特の文化の反映が見られる。また、「信歌」（xinge）と称される、歌を手紙として情報をやり取りする形式も注目される。「信歌」の歌詞は、1行が漢字7文字から構成される漢文によって書かれている。その内容は、移住の状況の報告や友人の消息を求めるもの、愛情の伝達や労働に関わるものなど、さまざまである。ヤオ族は「大分散小集中」を特徴とする広域に分布する民族であるため、「信歌」によって互いにコミュニケーションを取ることが重要になっているものと思われる。

　また、民謡の歌詞には、4句で1曲を構成する「七言体」（qiyanti、1句が漢字7文字から成る）や「五言体」（wuyanti、1句が漢字5文字から成る）、および漢字3文字から成る句と7文字から成る句が入り混じる形式によるものが多い。歌い手に聞いたところによると、2句から構成される民謡は「一条歌」（yitiaoge）、4句から構成される民謡は「一対歌」（yiduige）と呼ばれるとのことであった。以下、筆者が河口ヤオ族自治県瑶山郷の「定歌会」、およびベトナム・ラオカイ省サパ県に居住する紅ザオ族の民謡調査において採録した歌詞について分析してみたい。

① 瑶山郷の藍靛ヤオ族民謡の歌詞：
　　第1行：少数民族住山里、万年住在枯林箐。
　　第2行：前世老人自落後、山嶺茫茫無路行。
② サパ県の紅ザオ族民謡の歌詞：
　　第1行：水底行頭難拆舟、浅處二人為行愁。
　　第2行：難得行頭難得拆、在落越南寛又修。

　上記の①の歌詞は、藍靛ヤオ族民謡の歌唱者自身によって、②の歌詞は紅

ザオ族の歌唱を聞いた者によって書き記されたものである。①も②も「一対歌」と呼ばれるが、これは1行が2句から成る「一条歌」が2つ組み合わさったためにそのように呼ばれるのだろう。私の知る限りでは、中国の音楽理論書は、やはり主として漢族の音楽理論を記述するものがほとんどであり、少数民族の音楽理論についての記述は非常に少ないという印象を受ける。このような「一条歌」「一対歌」などの言葉から、ヤオ族においても漢族と同様に、音楽における術語が少なくともいくつかは伝承されていることが確認できる。

### （3） 民謡の歌唱法

中越国境近辺に居住するヤオ族は、室内や互いの間隔が近い状況で「対歌」を行う場合には、「読音唱」（duyinchang）、「平唱」（pingchang）などと称される声量を抑えた歌唱法を用いている。

① 「読音唱」

「読音唱」とは、歌詞をとなえるような調子で民謡を歌うものである。この歌唱法によって歌われる民謡は、曲調が短く簡単で、旋律の進行も主に狭い音程の間で上下する。そして、歌う際の「襯字」（chenzi[1]）の使用も少なく、ちょうど言葉を話すのに似ているため、「読音唱」と呼ばれている〈楽譜1〉。河口ヤオ族自治県に居住するヤオ族の各集団における「読音唱」の呼び名および発音は、表1に示すとおりである。

表1

| 集団名 | ヤオ族表音表記法による発音 | 直　訳 | 意　訳 |
|---|---|---|---|
| 紅頭ヤオ族 | to˧ zoŋ˧ （duo-rong） | 讀　歌（duge） | 讀音唱（duyinchang） |
| 藍靛ヤオ族 | to˧ ten˧ （duo-dian） | 讀　唱（duchang） | 讀　唱（duchang） |
| 沙ヤオ族 | to˧ ten˧ （duo-dian） | 讀　念（dunian） | 讀　念（dunian） |

注：括弧内は、中国語表音表記法による発音表記。

この表に示されるように、河口のヤオ族には「読音唱」について複数の異なる呼び名が存在するが、各集団で行なわれている実際の歌唱法は共通のものである。また、前出のCD "Vietnam: musiques des montagnards" のCD1の8曲目に収録されたハニ族の民謡の歌唱や、ビデオセット『天地

第 7 章　各地域のヤオ族の民謡　*103*

楽譜1　雲南省河口ヤオ族自治県紅ヤオ族の〈苦瓜歌〉
（河口ヤオ族自治県文化局廖紀文提供数字譜に基づいて李金叶五線譜記譜）

楽舞』の西南編に収録されたジノー族の女性歌手の歌唱なども、同じような歌唱法によっていることから、「読音唱」のような歌唱法はヤオ族に伝わるのみならず、ベトナム北部に居住するハニ族や中国南部に居住するジノー族にも伝えられるものであることが明らかである。そして、「読音唱」とそれに類する歌唱法によって歌われる民謡の歌詞の内容は、叙事的なものがもっとも多くを占めるという点が注目される。筆者がラオカイ省バオタン県フォンハイ社の黒ザオ族の村において民謡の伝承状況について調査した際、黒ザオ族は、中国に伝わる民間説話『梁山伯与祝英台』を題材とする叙事的な民謡を歌うときに、7言で1句を成す歌詞を河口ヤオ族自治県の沙ヤオ族と似た発音で、「読音唱」に類した歌唱法により歌うことがわかった。これらのことから、中国の河口ヤオ族やジノー族、ベトナムの黒ザオ族やハニ族な

どの民族は、居住する地域が近接していることもあり、相互に文化接触の機会があるとも考えられる。しかし一方、長い叙事的な歌詞を歌う際には、歌唱に要する時間を少なくするために、速度が緩やかで優美な旋律を歌い上げるような歌唱法ではなく、速めの速度で歌詞が聴き手に理解されやすい、言葉を話すような朗唱が採用されたと考えることもできるであろう。

② 「平唱」

　「平唱」も、「読音唱」と同様に声量を抑えた歌唱法である。この歌唱法によって歌われる民謡は、歌詞には「襯字」が多く含まれ、初めから終わりまで歌詞の内容を順序立てて歌われるという特徴を持つため、「順唱」（shunchang）とも呼ばれている〈楽譜2〉。河口ヤオ族自治県に居住するヤオ族の各集団における「平唱」の呼び名および発音は、表2のとおりである。

表2

| 集団名 | ヤオ族表音表記法による発音 | 直　訳 | 意　訳 |
|---|---|---|---|
| 紅頭ヤオ族 | to˧ thet˧ aiT　（tuoqiai） | 唱音平（changyinping） | 平音唱（pingyinchang） |
| 藍靛ヤオ族 | peŋ˧ εI˧　　　（bingai） | 平　唱（pingchang） | 平　唱（pingchang） |
| 沙ヤオ族 | goŋ˧ zem˧ dʐoŋ˧（gongyingyong） | 晩上歌（wanshangge） | 夜　歌（yege） |

注：括弧内は、中国語表音表記法による発音表記。

　この表に示されるように、河口のヤオ族には「平唱」について複数の異なる呼び名が存在するが、各集団で行われている実際の歌唱法は、「読音唱」の場合と同様に各集団に共通している。「平唱」の用いられる歌唱の形式としては、集団による「対歌」がもっとも多い。場所としては、宴席や火塘（暖を取るために室内の土間や屋外に作り付けた暖炉）の周り、芝生の上などであり、男女が入り交じるかたちで坐って行われる。その際、男女それぞれに「提詞」を担当する者が置かれる。それは、集団で「対歌」を行う場合には、男女2人のみによって行われる場合とは異なり、多数の歌い手が参加することから、歌詞をより一層明確に伝えることが必要となるためである。男方と女方それぞれで歌われる歌詞を統一するために、豊富な経験を持つ歌い手が1人ずつ選ばれて、それぞれの「提詞」を担当するものと考えられる。前述した河口ヤオ族自治県瑶山郷の「定歌会」において行われるのは、

第7章 各地域のヤオ族の民謡　105

楽譜2　雲南省河口ヤオ族自治県沙ヤオ族の〈盤古江山万民為〉
（河口ヤオ族自治県文化局廖紀文提供数字譜に基づいて李金叶五線譜記譜）

このような集団による「対歌」の一例である。

　私の知る限りでは、「平唱」によって歌われる民謡の歌詞の内容は、「定歌会」の場合には、主に愛情を扱ったものであり、宴会における場合には、主に「開宴」(kaiyan)や「祝酒」(zhujiu)、「謝客」(xieke)など宴会と関わるものである。その他には、「猜歌」(caige、なぞなぞ歌)や「盤歌」(pange、ヤオ族に伝わる古い歌謡)なども歌われている。このことから、「平唱」は「讀音唱」よりも用いられる範囲が広い歌唱法であることがわかる。

③　「輪唱」

　筆者が中越国境一帯のヤオ族民謡の歌唱法を調べた際、河口ヤオ族自治県の沙ヤオ族やラオカイ省の黒ザオ族の人びとが、男女に分かれて民謡を歌う場合、あるいは女たちだけで民謡を歌う場合に、男方と女方のそれぞれが1つの旋律を西洋音楽のカノンのように輪唱することがあると知って非常に興味深く思われた。民謡の歌唱におけるこのような輪唱は、ヤオ族のみならず他の少数民族にも見られる。『天地楽舞』西南編に収録されたラフ族の集団で歌われる民謡にも、こうした歌唱法が行われているのを見ることができる。

　複数の声部に分かれて輪唱を行うことは、現在漢族の合唱において一般的であるが、それは近代以降に西洋音楽の流入にともなって導入された歌唱形式である。中国において西洋音楽の技法による音楽を創作、演奏しているのはほとんどが漢族であり、交通の不便な山地に居住する少数民族は、漢族との接触がごく限られているため、漢族の音楽文化を通じて西洋音楽の技法に触れる可能性は非常に低いといってよい。ヤオ族など中国南部の少数民族においても輪唱のような歌唱法が存在することは、イーミックな視点から考えると、洋の東西を問わず音楽の演奏においては多様な試みが追求され、さまざまな歌唱法や演奏法が工夫されてきたことの現れであると思われる。

　さらに、ヤオ族の民謡において輪唱が行われる要因としては、彼らの生活習慣などとの関連も挙げられると思われる。河口の沙ヤオ族は結婚式を行う際に、男方の家が女方の家族や親戚、友人を招いて宴会を催す習慣がある。招かれた人びとの中には遠方に住んでいる者もおり、夜の山道には灯りもな

く危険でもあるため、当日は自分の家に帰らず、夜になると一軒屋に集まって「対歌」を行う。男方と女方に分かれて行う「対歌」において、場の雰囲気が高揚してくると、周りを取り巻いていた人びとも負けじと男方女方のそれぞれに加わっていく。互いに自分たちの側の歌声の気迫によって、相手方を圧倒しようと競うのである。このような状況において、豊富な歌唱経験を持つ歌い手は、より効果を上げるために、もとの旋律を模倣した新たな旋律を歌い出し、ついには2つの声部による輪唱となることがある。ヤオ族の輪唱は、このようにして発生した輪唱が長い歳月を経て人びとの間に広まっていった結果、現在のような歌唱法として定着したものと考えられるのである。

## 3. 広西金秀ヤオ族自治県の地域概況

### (1) 地理環境

金秀ヤオ族自治県は、広西チワン族自治区中部に位置し、面積は2,494km$^2$である。東は蒙山県、東北は荔浦県、西は象州県、西北は鹿寨県、西南は武宣県、南は桂平県および平南県と接している。地形は、中心部に高山が連なり、周辺部は低い丘陵となっており、標高は平均で海抜770mである。県の西部および西南部には平地があり、農業に適している。また、熱帯雨林気候と亜熱帯モンスーン気候の合流する場所に位置するため、年間を通じて季節の変化に富み、1年の平均気温は17℃と過ごしやすく、土地も肥沃である。金秀ヤオ族自治県は、広西チワン族自治区においてもっとも海抜の高いところに位置するため、現在では避暑地として有名になっている。また県には原始林が多く、自然資源も豊富である。このような住みやすい自然環境ゆえに、金秀とりわけ大瑶山一帯にはヤオ族が集中して居住し、人びとの生活が長期にわたって営まれてきた。そのため、そこでは素朴な性格をとどめた民謡が伝承されることが可能となってきたのである。

108　第Ⅳ部　ヤオ族の歌掛けを中心とする音楽文化

## （2）　民族の分布

　金秀ヤオ族自治県は、前節において扱った雲南省河口ヤオ族自治県と同様に多民族が居住する県である。1987 年の広西地方政府の人口統計によると、県の人口は 13 万 4,763 人であった。そのうち、県の自治民族と位置づけられるヤオ族の人口は 4 万 5,196 人であり、県人口の 33.53％を占める。その他には、チワン族、漢族、ムーラオ族、回族、トン族、マオナン族などが居住している。

　金秀の大瑶山に居住するヤオ族は、言語、生活習慣、居住環境、移住の経緯などの違いによって、茶山ヤオ族、盤ヤオ族、花藍ヤオ族、山子ヤオ族、坳ヤオ族の 5 つの集団に分けられる〈地図 5〉。茶山ヤオ族は、大瑶山北部の茶山

地図5　広西金秀ヤオ族自治県のヤオ族分布図
（参考：金秀ヤオ族自治県志編纂委員会編『金秀瑶族自治県志』「金秀瑶族自治県行政分布図」北京：中央民族学院出版社、1992年）

（歴史上の地名）に住んでいることから、このように呼ばれている。盤ヤオ族は、ヤオ族の祖先神である「盤古王」に対する信仰が、他の集団においてよりも日常の生活に浸透しているため、このように呼ばれている。また、かつては女性が木の板で作られた帽子をかぶる習慣があったため、「板ヤオ族」とも呼ばれる。花藍ヤオ族の名称は、女性の服装に美しい図柄が描かれていることにちなむものである。山子ヤオ族は、山地で農業や林業を営んでいることから、このような名称となっている。坳ヤオ族の「坳」は、彼らの自称に近い発音の漢字を当てたものである。

中華人民共和国が成立して以来、政府は民族平等の政策を採ってきたため、各集団のヤオ族は経済、文化などの面において保護と優遇を受けられるようになった。それと同時に、各集団は生活環境を同じくすることから、民族性や風俗習慣、文化芸術、宗教などにおいて、相互に影響を与え合うことが促進されるようになった。現在では、相互の交際が深まり、集団間における婚姻も頻繁になった結果、集団という観念が次第に希薄になるとともに、地域に居住するヤオ族全体としての社会が形成される方向が見られる。

（3） 移住の経緯

現在金秀のヤオ族博物館には、ヤオ族の各家族代々の氏名を記録した族譜が保管されている。族譜に見られる記載や碑文、歌謡、民間伝説などによると、現在金秀ヤオ族自治県に居住するヤオ族は、明時代以降に湖南省から金秀の大瑶山に移住してきたことが確認される。『金秀瑶族自治県志・民族篇』（104頁）によると、大瑶山の六段村に住む茶山ヤオ族の蘇慶廷の家に保管される明時代の手抄本『断図山界』には次のように書かれている。

「正統年……、莫金一、金二、蘇通三、通七、陶善保同作斉心。」
（正統年間（1436〜1449年）に、莫金一、莫金二、蘇通三、蘇通七、陶善保らは互いに協力して働いた。）

また、同じく六段村には、彼らの歴史を歌の形にしたものが伝わっており、その手抄本には次のような記述がある。

「初初進入大瑶山、一片荒涼大青山、先把大樹砍倒下、後在砍木開荒田。
　有水地處開田垌、無水地處種旱田、姓陶的是陶善保、還有莫家莫金一。」
（陶善保と莫金一が大瑶山に移り住んできたばかりのころは、山の中であるため耕作
　できる土地がなく、まず木を切り倒してから田畑を作った。彼らは水がある場所で
　は稲田を作り、水がない場所では畑を作った。）

ここに記される陶善保と莫金一は、『断山図界』手抄本にも茶山ヤオ族の祖先として記載されている。このことから、現在大瑶山に居住するヤオ族は、その一部が明時代の初めには湖南省から大瑶山に移住してきたことが明らかである。

### （4）言語と文字

金秀ヤオ族自治県に居住するヤオ族の5つの集団においては、系統の異なる3つの言語が使用されている。盤ヤオ族と山子ヤオ族、および㘴ヤオ族の言語は、シナ・チベット語族ミャオ・ヤオ語系のヤオ語支に属し、花藍ヤオ族の言語は同じくミャオ・ヤオ語系のミャオ語支に、茶山ヤオ族の言語はシナ・チベット語族チワン・トン語系のトン語支に属している。これら3つの言語のうち、盤ヤオ族などが用いる言語は、前出の河口ヤオ族自治県の紅頭ヤオ族や藍靛ヤオ族において使用されている言語と同じ系統に属することが確認される。

前出の1987年の統計によると、県総人口のうち、チワン族が5万7,141人、漢族が3万2,376人であった。この数字にヤオ族の人口4万5,196人を加えると、チワン族、ヤオ族、漢族の3つが、金秀ヤオ族自治県における主要な民族であることがわかる。このような民族構成ゆえに、チワン族や漢族との長期にわたる経済や文化などの交流を通じて、ヤオ族がその民謡や言語の発音などにおいて、これらの民族の影響をある程度受けることは避けられないものと思われる。また、この地に住むヤオ族には、チワン族や漢族などと交易を行うために、彼らの言語を学ぶ者も少なくなく、他民族の言語を複数話すことができる者もいる。漢族の言葉である漢語は、この地における共通言語として日常的に使用されている。小中学校の音楽の授業では、ヤオ族出身の生徒たちが漢族の民謡を歌うことも珍しくない。このような言語環境ゆえに、ヤオ族の人びとは他民族の言語を学ぶことを通じて、他民族の文化をも吸収することが可能となり、さらにその文化を彼ら自身の文化の発展に生かすことができるのではない

かと考えられる。

(5) 祭祀活動

　前述したように、中越国境近辺の河口地区に居住するヤオ族およびラオカイ省に居住するザオ族の社会には、いくつかの祭祀儀礼が行われているが、大瑶山のヤオ族社会においても彼ら特有の祭祀儀礼が行われている。彼らは、死後における霊魂の存在を信じており、祖先を崇拝する観念を強く持っている。大瑶山の各集団のヤオ族の間では、集団ごとにいくつかの異なった祖先崇拝の儀式が行われている。彼らの祭祀儀礼としては、以下のようなものが挙げられる。

　大瑶山のヤオ族では、河口ヤオ族と同様に道教が信仰されており、主な祭祀活動としては「做功徳」（zuogongde）、「游神」（youshen）、「跳盤王」（tiaopanwang）などがある。

　「做功徳」は、茶山ヤオ族の村落において行われる死者を祭る儀式である。数人の道公（死者の霊の祭祀を専門に担当する者。文道ともいう）により管理される祭殿が、村中の功徳橋と呼ばれる設備の近くに設置してあり、そこで儀式が営まれる。儀式においては、人の苦難を救ってくれるものとされている菩薩に礼拝を行う。祭祀を行う際には、3日間で新しい功徳橋を作ることが必要とされる。祭祀では打楽器の演奏や宗教的内容を持つ民謡の歌唱が行われる。

　「游神」は、茶山ヤオ族、花藍ヤオ族、坳ヤオ族、山子ヤオ族の村において、集団で行われる宗教儀式である。この儀式は、師公もしくは武道と称される、神霊を祭るための踊りを担当する者と前出の道公の共同によって営まれ、師公は経文を詠唱しつつ神霊を祭る舞いを踊る。また師公と道公は、豊作を祈願するために、神像を持って畑と畑の間を練り歩くこともある。

　「跳盤王」は、盤ヤオ族で行われている盤王の祭祀にともなう娯楽活動であり、トーテム崇拝の痕跡や祖先崇拝に関する内容を含んでいる。伝説によると、盤ヤオ族が南京から舟に乗って移動する途中、海で雷と大雨をともなった嵐に襲われた際に、盤王に助けを祈願したところ、嵐が収まって安全に航行することができたという。それ以後、彼らは盤王の恩恵に感謝するために、「跳

盤王」において「還盤王願」（haipanwangyuan）という儀式を行うようになったといわれる。これは、盤ヤオ族にとってもっとも重要な祭祀儀式である。

## 4. 広西金秀大瑶山ヤオ族の民謡

　金秀大瑶山に居住するヤオ族は、歌と踊りを日常生活において欠かせないものとして行っている。彼らの社会において伝承されてきた各種の民謡は、彼らの自然との戦いや、人生観などが歌唱芸術に反映されたものであり、そこには彼らの歴史や厳しい環境での生活が叙事的に歌い込まれている。彼らの民謡は、山の森の中や耕作地、仕事の合い間に休憩を取る木楼などにおいて歌われ、また祭りや正月には、村の広場や集会場において集団で歌われる。

　金秀大瑶山のヤオ族の各集団は、大瑶山の各地に分散して居住し、それぞれ生活習慣や生業などが異なるため、集団ごとに異なった歌詞と音楽的特徴を持つさまざまな種類の民謡が伝承されている。それらは、「香哩」（xiangli）、「門中」（menzhong）、「吉冬諾」（jidongnuo）、「貴金中」（guijinzhong）などである。これらの種類の民謡の歌詞には、過去のヤオ族の移動状況や先祖の功績、大自然の恵みなどが歌い込まれており、自由な恋愛と幸福な生活の追求、彼らの社会風俗と道徳倫理が反映されている。また、大瑶山のヤオ族の間では、河口のヤオ族における「読音唱」や「平唱」のような民謡の歌唱法に関する術語は用いられていないものの、実際の歌唱法としてはやはりこれらと共通するものが存在することが現地調査からわかった。本節では、主に比較研究の方法により、金秀大瑶山に居住するヤオ族の民謡について、集団ごとに特徴的な民謡を挙げて、その歌唱形式、作詞法などの分析を試みることとする。

（1）　茶山ヤオ族の「香哩」
　「香哩」は、茶山ヤオ族のもっとも代表的な民謡である。「香哩」とは、茶山ヤオ族の言葉で、民謡の歌い手が聴き手に対して用いる呼称を意味し、歌い手によってその指すところが異なってくる。歌い手が友人のために歌う場合には、「香哩」は友人を指し、恋人のために歌う場合には、「香哩」は恋人を指すものと

第7章　各地域のヤオ族の民謡　113

陸炳南採譜

**楽譜3　広西金秀ヤオ族自治県茶山ヤオ族の「香哩歌」**
（出典：中国民間歌曲集成総編集部編《中国各民族民歌選集》第421曲ヤオ
　族民謡〈情話像水長〉北京：人民音楽出版社、1992年）

なる。「香哩」という言葉は、その歌詞の最初もしくは最後に必ず「香哩呃香哩」という囃し言葉が付けられることに由来するものと考えられる〈楽譜3〉。

　「香哩」の歌詞の詩体は、自由詩と類似し、歌詞の一句ごとの長短が異なるのみならず、一曲がいくつの句から成るかも一定していない。聴き手に歌い手の思いを伝えることが重要なのであり、それぞれの場に応じて歌われることか

ら、詩体が固定化されていないものと思われる。

「香哩」の旋律は、全体を通じて主にドレミの3つの音の間において進行することが注目される。このような狭い音域においてごく限られた音のみが用いられるあり方は、古い音高概念が現在のヤオ族の社会に伝えられていることを示すものではないかと思われる。「香哩」の各楽句の末尾音は、一般的にはドが来るものの、曲全体の末尾としてはレが来る場合も多い。

「香哩」の歌唱法には、「唱香哩」と「喊香哩」の2種類がある。「唱香哩」の歌い方は柔和であり、滑らかで抑揚が豊かである。「喊香哩」は声が高くよく響きわたる点が特徴である。歌唱の形式には、1人で歌う独唱と二手に分かれて交互に一問一答の形式で歌う対唱とがある。このうち対唱は、前述した河口ヤオ族の「対歌」と同様な形式によるものである。

### (2) 山子ヤオ族の「門中」

「門中」の「門」とは山子ヤオ族の自称であり、彼らの言葉で人を意味する。「中」とは同じく山子ヤオ族の言葉で歌を意味する。「門中」は山子ヤオ族の「過山音」ともいう〈楽譜4〉。「門中」の歌詞は、各句が7つの文字から構成され、全体は4句から成る「七言四句」を特徴とし、音階はラドレミの四音音

李　金叶採譜

楽譜4　広西金秀ヤオ族自治県山子ヤオ族の「過山音」

階から成るが、場合によって装飾的に現れるソ音を加えると、五音音階と見なすこともできる。旋律の進行はラ～ミの5度の間で行われる。このような「七言四句」から成る歌詞とする民謡は、漢族にも少なくない。漢族以外の他の少数民族にもこのような特徴を持つ民謡があったが、本節では主にヤオ族と漢族の関係の分析を中心として論述するものである。前述のように、ヤオ族は山地に居住する民族であり、経済や文化などにおいて漢族よりも未発達な状況にある。また、ヤオ族は彼ら自身の固有の文字を持たず、民謡の歌詞は漢字を借用して書かれ、それを彼らの発音によって歌うという習慣がある。このような状況から考えると、山子ヤオ族は漢族の言語文化を吸収した結果、漢族の民謡の様式からも何らかの影響を受けたのではないかと思われる。

「門中」の歌唱形式には、独唱、2人以上で歌う斉唱、および対唱がある。「門中」は、結婚式や村人の誕生日、男女が交際する際などに歌われる。用いられる音域は「香哩」よりもやや広く、歌声は奔放で情熱がほとばしるような印象を与える。

（3） 花藍ヤオ族の「吉冬諾」

「吉冬諾」は、花藍ヤオ族の言葉で1種のほとんど鳴くことのない鳥を指す。名称は生物に由来するものであるが、歌詞は「七言四句」により叙事的な内容が歌われる。音階はソラミの3音から成るが、装飾的に現れるドおよびレを加えると、五音音階と見なすこともできる。旋律はソ～ミの6度の間で進行する。歌唱の形式は主に独唱が用いられる〈楽譜5〉。

「吉冬諾」の由来については1つの伝説がある。それによると、ある村に性格が明るく、おしゃべり好きの娘がいたが、他の村に住む男のもとに嫁ぐに当たって、父親は娘に向かって夫の前ではあまりおしゃべりはしないようにと言いつけた。そのため、娘は夫の家に嫁いでから3年もの間、夫とは一言も口をきくことはなかった。愛想を尽かした夫が娘を父親のもとに送り返そうと、娘の住んでいた村まで連れて行く途中、娘は「吉冬諾」という鳥が木の枝に止まって鳴いているのを見つけ、興奮して思わず夫に話しかけてしまった。夫はたいへん喜び、一緒に自分の家に帰ろうといったが、娘は父親の言いつけに背いてしまったことを理由に、「吉冬諾」という歌を歌って夫の要請を断ったとい

116　第Ⅳ部　ヤオ族の歌掛けを中心とする音楽文化

Allegro moderato

吉冬諾　諾、　飛下路辺唱起音、
嫁去三年話不講、　富家退婚逼出門。
両脚踏車車不転、　双手攔妹妹不帰。
不信就看灘頭水、灘水流去不流回。

楽譜5　広西金秀ヤオ族自治県花藍ヤオ族の「吉冬諾」
（河口ヤオ族自治県文化局李日真提供数字譜に基づいて李金叶五線譜記譜）

う。これはあくまでも伝説であるが、「吉冬諾」という鳥がほとんど鳴くことがないのは事実である。このことから、「吉冬諾」という民謡は、花藍ヤオ族が彼らの生活における事象を動物の属性になぞらえて、他人との交流や会話を望まない場合や、他人からの要求を拒絶する場合に歌われるものと考えられる。

### （4）　盤ヤオ族の「貴金中」

「貴金中」は、元来盤ヤオ族によって歌われる「過山音」と称される民謡の1種である。一般的にいえば、その歌詞には、かつて自分の土地を持たない盤ヤオ族の人びとが、山地支配者の土地を借りて焼畑や木こりを営み、しばしば山地支配者とトラブルを発生して厳しい生活を送った状況が反映されている。歌詞は「七言四句」から成り、各句の最後の文字が押韻する規則がある。音階はソラドレミの五音音階であり、旋律はソ～ミの6度の間で進行し、一般に各楽句の終止音には主音が来る。各楽句の長さは均一ではなく、5小節以上を要するものから、わずか3小節のものまでさまざまである〈楽譜6〉。「貴金中」は単声部の歌謡であり、歌う際には地声と裏声がいずれも用いられる。歌唱の形式には独唱、斉唱、および対唱がある。

「貴金中」の旋律の進行は、漢族の山歌における旋律の進行と類似するとこ

李　金叶採譜

楽譜6　広西金秀ヤオ族自治県盤ヤオ族の「過山音」

ろが多いのが注目される。そして漢族が山歌を歌う際にも、地声と裏声の両方が用いられるのが一般的である。ヤオ族、漢族のいずれにおいても、広々とした山地で民謡を歌う際には、周りの山にいる人びとにまで歌声を響かせるために、大きな声を出すことができる地声と裏声を組み合わせて歌う方法が自然と採られるようになったものと思われる。このような現象からは、ある民謡の歌唱形式は、人びとの日常生活や自然環境の影響のもとで次第に形成されるものであることが考えられる。

　以上、金秀大瑤山に居住するヤオ族の代表的な民謡の種類について述べたが、それらの民謡、および私自身の現地調査で得られた音響資料に基づいて総合的に考察すると、次のような特徴を挙げることができる。

（5）　広西金秀大瑤山ヤオ族民謡の特徴

　歌詞には、詩体として、1つの句が一定数の文字から構成される「七言体」、および文字数の制限のない「混言体」がある。

　音域は、ド〜ミの3度、ラ〜ミの5度もしくはソ〜ミの6度の各範囲である。曲の終止音には主音が来ることが一般的であるが、主音以外の音が来ることも見られる。曲の調はそれぞれ漢族における宮調、羽調、徴調に相当する。

声部は、単声部によるものが多いが、二声部から成るものも見られる。

形式は、単一の楽段によって構成されるのが普通である。

旋律は、彼らの言語と密接な関係を有し、歌詞中の単語の高低アクセントに沿って進行する。旋律にはアルペッジョなどの装飾音が多用される傾向が見られる。

歌唱法としては、自由な詩体による叙事的な民謡には、朗唱のような歌唱法が用いられることが多い。地声だけでなく裏声もしばしば用いられ、鼻にかかった声を装飾的に加えることもある。歌唱の形式には、独唱、斉唱、対唱などがある。

これらの特徴は、金秀大瑶山以外の地域に居住するヤオ族の民謡にも共通するものが少なくない。ベトナムのラオカイ省に居住する黒ザオ族では、歌詞なしで鼻にかかった声により民謡の歌い出しの部分をハミングしており、大瑶山のヤオ族が叙事的な民謡を歌う際に用いる朗唱のような歌唱法は、河口に居住するヤオ族がやはり叙事的な民謡を歌う際に用いる「読音唱」と同様な方法といえる。このような共通性は、本来はヤオ族の集中居住地である大瑶山に居住する諸集団に属する一部が、広西地区から雲南地区の中越国境一帯に移住するのにともなって、民謡の歌唱法などを移住先に伝えた結果もたらされたと考えてよいであろう。

また、金秀大瑶山ヤオ族の民謡において常用される五音音階は、漢族の民謡においても基本的な音組織となっており、ある民謡の歌詞に使われる修辞法としての「排比」[2]や「対偶」[3]は、漢族の文学作品においてもしばしば用いられるものである。これらは、大瑶山ヤオ族の民謡の形成過程において、漢族の影響があった可能性を物語るものとも考えられる。

## 5. 広西金秀大瑶山ヤオ族民謡の比較検討

ヤオ族は中国南部の各地に居住するのみならず、中国と国境を接するベトナムやラオス、およびタイなどの山地にも居住している。これらの各地に広く分散して居住するヤオ族の各集団においては、地域文化や社会環境、地理環境な

どの要因から、それぞれタイプの異なる民謡が伝承されているものと推測される。ヤオ族の民謡に関して検討する際には、まず自身のフィールドワークから得られたデータが一次資料として重要となるが、考察に裏づけを与え深めていくためには、歴史文献や地方志などを参考にすることも必要であると考えられる。以下においては、金秀大瑶山ヤオ族民謡について、その歌唱形式や作詞法などに着目して比較検討を試みることとしたい。

（1） 民謡の歌唱形式

金秀大瑶山ヤオ族民謡の歌唱形式には、漢族民謡の歌唱形式と同様に、独唱、斉唱、および対唱がある。それぞれの形式は、歌詞の内容、歌われる場所や状況などに応じて選ばれる。例を挙げると、大瑶山の山子ヤオ族には、旧正月の時期や他の村から客人が来た際に、大勢の村人が村の道に集まり斉唱や対唱で民謡を歌う習慣がある。その場合、時間的制約から、その場の全員が1人ずつ歌うことは難しいため、全員が参加できるよう集団による斉唱や対唱が採用されるようになったものと理解される。また、前出の花藍ヤオ族の「吉冬諾」は、ヤオ族の娘の愛情をめぐる悲劇を題材とした叙事的な内容の民謡であるが、このような個人的な感情が込められた民謡を歌うには、多くの人による斉唱はあまりふさわしくないため、主に独唱によって歌われるのも妥当と思われる。

このようにヤオ族の各集団に伝わる歌唱形式については、民謡が歌われる場の状況や歌詞の内容などにふさわしいものが選択されたことは実際の歌唱状況と一致するものである。前節において扱った大瑶山ヤオ族に伝わる民謡のうち、独唱と斉唱および対唱の3つの形式がいずれも用いられるものは、山子ヤオ族の「門中」、盤ヤオ族の「貴金中」であり、独唱によって歌われる民謡は、花藍ヤオ族の「吉冬諾」、独唱および対唱によって歌われるものは、茶山ヤオ族の「香哩」である。ここからは、これらの種類の民謡に共通する歌唱形式として独唱が採られていることが確認される。1人で歌うことは、場所や状況を選ばないため、民謡を歌う際のもっとも基本的な形式となっているものと思われる。

## （2）　民謡の作詞法

　大瑶山ヤオ族民謡のうち、「七言四句」から歌詞が構成される民謡には、山子ヤオ族の「門中」、花藍ヤオ族の「吉冬諾」、盤ヤオ族の「貴金中」がある。歌詞の一句の長短が一定しない民謡は、茶山ヤオ族の「香哩」である。これら2種の詩体は、漢族の文語による詩であるいわゆる漢詩にも多く見られるものである。ヤオ族は固有の文字を持たないため、民謡の歌詞は漢字を用いて書き留め、それを彼らに固有の発音によって歌うという習慣を持っている。つまり、ヤオ族の文字文化は主に漢族の文字文化を吸収して発展したものであることから、ヤオ族民謡の詩体の形成に際して漢詩の影響を受けた可能性が推測されるのである。

　大瑶山ヤオ族の民謡に見られる「七言四句」および長短句交錯という2種の詩体は、1000年以上前の民間においてすでに存在していたことが確認される。『隋書』および『舊唐書』の「音楽志」には、煬帝の時代に作られた〈泛龍舟〉（fanlongzhou）という曲の歌詞が記載されている。〈泛龍舟〉は、宋代の郭茂倩編『楽府詩集』巻46（416頁）に「清商曲辞・呉声歌曲」として採録されており、その歌詞は以下のとおりである。

> 「舳艫千里泛帰舟、言旋旧鎮下揚州。借問揚州在何處、淮南江北海西頭。」
> （遠い所から舟に乗って揚州へ帰ろうとしている。揚州はどこにあるか。揚州は淮水の南部、長江の北部、東海の西部に位置している。）

　一見してわかるように、この歌詞は「七言四句」の詩体によるものである。呉とは江南一帯を指し、呉声とは江南の民間に行われる歌曲の総称であることから、〈泛龍舟〉のような「七言四句」の歌詞を持つ曲が、当時の江南において伝承されていたことが明らかとなる。

　また、宋時代の張炎『詞源』巻下（37頁）には、次のような記述がある。

> 「粵自隋唐以来、声詩間為長短句。」
> （広東地区においては、隋唐時代以来、歌曲の歌詞に長短の句が入り交じるものが見られるようになった。）

　以上に挙げた例から、「七言四句」および長短句交錯という2種の詩体が、隋唐時代から民間の歌曲において用いられていたことは確かであると思われ

る。

　ヤオ族の祖先と目される「莫徭」は、南北朝時代には武陵に居住していたが、それ以降の分布状況については、以下の資料からうかがうことができる。

　唐の貞観年間（627～649年）に姚思廉の手に成った『梁書・張緬列傳』列傳卷第28（289頁）には、次のような記載がある。

> 「衡陽等郡有莫徭蛮者、依山險為居、歷政不賓服。」
> （衡陽などの郡には莫徭がおり、険しい山中に居住して、歴代朝廷に服従したことがない。）

　また、唐時代の著名な詩人杜甫の詩中には「莫徭射雁鳴桑弓」という句があり、同じく唐時代の詩人劉禹錫の詩には「連州臘月観莫徭猟西山」という句がある。

　以上からは、南北朝時代に現れる「莫徭」という名称が、唐時代においても引き続き用いられていたこと、「莫徭」は唐時代には衡陽（現在の湖南省の中部）、連州（現在の広東省の西北部）一帯にも居住していたことなどが明らかになる。そして、これらのことと、第3節において触れた大瑶山六段村の蘇慶廷の家に所蔵される明代の手抄本『断図山界』中の記述、および現在六段村に伝承される彼らの歴史を歌い込んだ歌の手抄本中の記述などを総合的に考え合わせると、明時代に金秀大瑶山に移住してきたヤオ族は、隋唐時代から伝承されてきた「七言四句」および長短句交錯という2種の詩体の影響を受けつつ、彼らの民謡の作詞法を形成していったものと推測されるのである。

注
1)　「襯字」とは、民謡の歌詞において、口調を整えるためや旋律に合わせるために加えられる囃し言葉に類するものである。
2)　「排比」とは、構造が似通い、意味が密接に関連し、語気がそろった3つ以上の句または文を並列する修辞法である。「海の夜は穏やかで、静寂で、夢のようである」などのように用いられる。
3)　「対偶」とは、語格や意味などの相対した語句を用いて効果を強める修辞法の1つである。「筆を下ろせば千言、題を離れること万里」などの表現において見られる。

# 第8章

# ヤオ族民謡の伝承と社会的機能

　ヤオ族は古い歴史を有する山地民族であり、その民族名が最初に確認されるのは南北朝時代に遡る。南北朝時代に現在の湖南省に居住していた「武陵蛮」の一部から分かれた「莫徭」が、ヤオ族として確認される歴史上もっとも古い集団である。唐時代の詩人の詩中にも「莫徭」という語が見られることも、先に述べたとおりである。当時、ヤオ族の祖先は、現在の湖南省の大部分、広西東北部、および広東東北部に居住していた。明清時代に至って、ヤオ族の一部は、広西および広東の中部、貴州および雲南、さらには東南アジアにも移住を行った。

　ところで、地球上に人類が誕生して以降、脳および身体の諸感覚器官の発達にともなって、互いに意思を疎通させるための媒体として、言語が形成されるに至った。言語の形成によって、一定の音高を有する音声を用いて内心の感情を表すことが可能となり、言語は音楽の形成と発展における基礎的役割をも担うこととなった。原始的な民謡は、言語の誕生とともに形成された可能性が高いと思われる。ヤオ族の各集団においても、彼らの言語の形成以降、その音声上の特徴を反映して、それぞれ異なる種類の民謡が生み出されたものと考えられる。

　また、ヤオ族は昔から各地への移住を繰り返してきたため、彼らの社会における宗教儀礼や娯楽などに不可欠な民謡も、彼らの移住にともなって各地に伝播していったと思われる。ある地域で歌われていた民謡が、異なった地域や

環境に伝えられた場合、そこにおける文化などの影響によって変容を受けることがある。また、筆者は2001年に雲南省西双版納地区において、ヤオ族などの少数民族音楽文化の伝承状況などを調査するときに、勐臘県頂板ヤオ族出身の歌唱者と出会った。彼女は、とても美しく流暢なメロディーで自民族の民謡を私に歌ってくれた。筆者の現地調査によると、それらの地域に居住するハニ族（現地の人びとはアイニ族と自称している）などもみな流暢なメロディーで自民族の民謡を歌うことがわかる。つまり、ヤオ族の人びとが新しい移住地に落ち着いて生活するうちに、その地域の他の民族の音楽文化との接触を通じて新しい様式の民謡が生み出され、彼らの社会に定着することもあると考えられる。民謡は、人間の内心の感情を相手に訴える、民族や地域の歴史を次代に伝える、労働作業をはかどらせる、などさまざまな社会的機能を有する。特に民族独自の文字を持たないヤオ族の人びとにとっては、歌詞を漢字によって表記した民謡を歌うことが、彼らの社会における重要なコミュニケーションの手段となっているのである。そこで本章では、主にヤオ族民謡の伝承や社会的機能について、歴史文献の記述と私自身の現地調査から得られたデータなどに基づいて考察したいと思う。

## 1. ヤオ族民謡の伝承上の特徴

　ヤオ族民謡を記録する手段としては、現在漢族に普及している数字譜（簡譜）を用いて採譜することが行われているが、ヤオ族の人びとの間における実際の伝承に際しては、歌い手からの直接的な口頭による方法が依然として用いられている。固有の文字を持たないヤオ族は、昔から伝説や民謡などフォークロアによって、彼らの歴史や生活文化を次代に伝えてきた。その際用いられたのが、漢語で「口傳心授」（kouzchuan-xinshou）と称される、口頭による伝承方法であった。漢族の社会では、古くから漢字を応用して表記した楽譜を用いて音楽が伝承されてきたが、これはあくまでも漢族の音楽文化としてであって、ヤオ族の音楽文化においては、漢字は民謡の歌詞を記すためにのみ用いられ、総体としての伝承は、現在でもやはり「口傳心授」の方法が中心となって

いる。これは、ヤオ族のみならず中国南部に居住する少数民族の音楽文化に共通する特徴である。民謡における「口傳心授」とは、聴覚を通じて民謡の旋律を記憶すると同時に、歌詞の内容をも深く理解することである。以下においては、こうした「口傳心授」による伝承におけるいくつかの側面について考察を試みる。

(1) 口頭によるヤオ族民謡の伝承

筆者は2000年に行った現地調査において、ヤオ族の人びとが集団で民謡を歌う際に、旋律をあまりよく知らない若者たちも歌に加わっているということを知った。一例を挙げると、河口ヤオ族自治県に居住する藍靛ヤオ族において、若い男女が自分の相手を探すために催される「定歌会」では、民謡を歌えるか否かにかかわらず、その場に参加する全員に対して歌に加わることが要求される。その際、歌詞の「提詞」を担当する者と上手な歌い手とが、みなに先んじて大きな声で歌い、それに続く集団での歌唱には旋律を憶えていない者たちも小声で加わって歌う。そして、歌い進むにつれて次第に上達していくのが、筆者にもはっきりと感じ取れた。このような集団による歌唱における習慣は、民謡の伝承者と被伝承者との間で、実際の歌唱を通じて直接に伝承が行われる形態の1つといえよう。

前述したように、現在では漢族に普及している数字譜によってヤオ族民謡が記譜されることがあるものの、これは音楽研究者による採譜として位置づけられるものであり、交通が非常に不便な山地に居住するヤオ族の人びととの間では数字譜はまだ普及しておらず、またヤオ族民謡独特の装飾的な歌唱法は数字譜によって表記することが困難でもある。今後、数字譜がヤオ族の人びとに普及したとしても、民謡の伝承においてはあくまでも補助的な手段にとどまり、上手な歌い手による実際の歌唱を通じて旋律と歌唱法を学ぶという直接的な方法は、依然として守られていくものと思われる。

現代社会では録音技術の発達にともない、テープレコーダーなどの録音機材が普及しているが、私が調査対象とした金秀大瑶山の盤ヤオ族の村や河口ヤオ族自治県の紅頭ヤオ族の村では、村に存在する録音機材としては非常に古い機種のテープレコーダーがあるのみであり、録音、再生ともに満足できる音質は

得られなかった。このような音質の貧弱な録音では、辛うじて旋律をたどることはできても、歌唱法を正確に把握することは困難であり、疑問が生じた場合には、やはり直接歌い手に尋ねるよりほかないため、民謡を学ぶための手段としては実用性は極めて乏しいといえる。さらに、ベトナム・ラオカイ省の紅ザオ族の村では、そのような旧式のテープレコーダーすら見ることができなかった。これらの村に住む民謡の歌い手の話によると、彼らが民謡を学んだ方法は、村で行われる、歌をともなうさまざまな娯楽に進んで参加して、そこでの長老歌手の歌いぶりを真似て繰り返し歌うことによって、旋律と歌唱法を身に付けたとのことであった。このような伝承方法ゆえに、録音機材に恵まれない状況にもかかわらず、中国のヤオ族およびベトナムのザオ族の村には、民謡の上手な歌い手が少なくないのである。

　また、ベトナム・ラオカイ省の紅ザオ族の村では、紅ザオ族の少女2人による民謡の歌唱に接することができた。歌い終わってから、そのうちの1人に今度は1人で歌ってくれるよう頼んだところ、なかなか応じてくれないのである。その理由は、その少女にはまだしっかりと歌えないところがあり、2人で歌うならばその部分ではもう1人の少女の歌い方を真似して歌うことができるから、とのことであった〈写真20〉。

写真20　ベトナム・ラオカイ省バトサト県トンザン社紅ザオ族の歌唱者李大妹（1982年生まれ、右側）と李小妹（1986年生まれ、左側）および著者
（2000年8月19日撮影）

　以上の例からは、ヤオ族の人びとは経済的に立ち遅れていることもあって、民謡の伝承においてテープレコーダーなどの録音機材はあまり用いられておらず、民謡が歌われる機会に実際の歌唱を耳にしてそれを模倣することにより、自然と伝承が行われていることがわかる。彼らの民謡伝承における「口傳心授」は、伝承の伝え手と受け手とが同じ場において、積み重ねられてきた経験を直接に受け渡しすることを何よりも重視しているといってよいであろう。

## （2） 口頭伝承の多様性

ヤオ族民謡の伝承者の中には、民謡を歌うのみならず、民謡の創作や民族楽器の演奏も得意とする者がいる。このような多才な人物によって、彼らの民謡の伝承には新たな発展が積み重ねられていくのである。筆者が出会った貴州省茘波県瑶麓郷に住む青褲ヤオ族のある老人は、両眼が失明したのちも民謡の歌唱や楽器の演奏などを続けていた。その老人は、楽譜を見ることができずとも、二胡や竹笛を上手に演奏することができた〈写真21〉。老人が楽器で演奏する曲目の内容は、彼が歌う民謡の内容と相似するものであり、また彼の二胡の演奏に見られる装飾的な奏法には、彼らの民謡を特徴づける歌唱法と類似する部分もあると見て取れた。

写真21　二胡を演奏する貴州省茘波県瑶麓郷青衣ヤオ族の歌唱者・演奏者の譚延生
（1928年生まれ）
（2001年9月12日、著者撮影）

このような優れた伝承者は、民謡を歌う際に歌唱法や歌詞などに変更を行う場合もある。筆者が河口ヤオ族自治県瑶山郷で催された「定歌会」において採録した、藍靛ヤオ族の民謡の歌詞に見られる「男女同排心裏亮」という句について、その含意を民謡の歌い手に確認したところ、漢文を読むことができる歌い手から興味深い返事が得られた。それによると、句中の「心裏亮」という個所は、男女が互いに歌い合うことを通じて打ち解けていく感じを表すために、「心裏涼」とするほうがふさわしいとのことであった。

恵まれた音楽的能力や漢文の知識を有する伝承者は、民謡を歌う際に自身の経験や知識をふまえて、旋律や歌詞に改変を加えることがあるのであり、彼らは民謡の伝承者であると同時に再創作者でもある。そして民謡は、歌唱のみならず楽器によって演奏されることも通じて、彼らの社会に広く受け入れられていくのである。

また、歌い手の中には、ある特定のジャンルの民謡を得意とするのみならず、古歌や宗教儀礼に際しての歌、山歌や情歌など幅広い種類にわたって歌うことができる者もいる。楽器の演奏者の中にも、各種の楽器を演奏できるだけでなく、民謡も歌うことができる者が珍しくない。河口ヤオ族自治県に住む紅頭ヤオ族の60代のある男性は、チャルメラ類の管楽器や銅

写真22 祭祀民謡を歌う雲南省河口ヤオ族自治県南渓鎮紅ヤオ族の趙金進（1940年生まれ、左側）と黄元朝（1933年生まれ、右側）（2000年8月29日、著者撮影）

鈴の演奏に加えて、宗教儀式において行われる舞いを踊りながら、祭祀のための歌を歌うことができた〈写真3、22〉。また、沙ヤオ族の50代のある男性は、ヤオ族に伝わる偏鼓という打楽器とシンバルを打ち鳴らしつつ、やはり祭祀を内容とする歌を聴かせてくれた〈写真19〉。

　ジャンルを異にするさまざまな音楽が同様な社会環境に併存する場合、それらの様式において互いに影響を与え合うことがしばしば見受けられる。中国の伝統音楽においても、そのようにして発展してきたものが少なくない。各地に存在する戯曲音楽は、その地方に伝わる民謡や歌舞、器楽などから発展、形成され、口頭伝承によって受け継がれてきた総合的表現形式である。また、管弦楽曲〈瑶族舞曲〉は、作曲者がヤオ族の住む地域で老人の歌う民謡を採譜し、その旋律を基にして創作した作品である。現代のヤオ族社会においても、多方面に音楽的能力を有する人物によって、民謡と他ジャンルの音楽とが互いに影響を与えつつ、さまざまな形で伝承されていくものと思われる。「口傳心授」という伝承法は、このように複数のジャンルが相互に入り交じる諸局面において、一定の役割を担っていることが確認されるのである。

　また、ヤオ族民謡の旋律や歌詞、歌唱法などの伝承に際しては、伝え手から受け手に対する「口傳心授」が重要な役割を果たしている。音楽の伝承が人の声あるいは歌唱と密接な関係を持つものであることは、中国において古くから

注意が向けられてきた。清時代の徐大椿の『楽府傳声』(『中国古典戯曲論著集成』第 7 冊 153 頁) には次のような記述が見られる。

「古人作楽、皆以人聲為本…故人聲存而楽之本、自不没於天下。傳声者、所以傳人声也。」
(古代人は、音楽を創作するには人の〔楽〕声に基づくことが大事であると考えていた。それゆえ、人の〔楽〕声は音楽の源であり、音楽が世の中から消え去ることはない。声〔音楽〕を伝えるということは、人の〔楽〕声を伝えることなのである。)

　この記述からは、当時の人が音楽の伝承と人の声との間に密接な関係があることを強調していたことが明らかになる。テープレコーダーのような録音機材が存在しなかった時代には、「口傳心授」は音楽文化を伝承するために不可欠な方法であったことはいうまでもない。このことに関連して、漢族の器楽である古琴と琵琶を例に見ると、古琴の楽曲を記録するためには減字譜という記譜法が古くから現在まで一貫して用いられ続けており、琴曲の伝承における極めて重要な媒体となっている。しかし、減字譜には音高と演奏技法に関しては十分な情報が盛り込まれているものの、音価と速度については非常に限られた情報しか記載されないため、ある琴曲について各フレーズがどのようなリズムを有し、いかなるテンポで演奏されるかは、曲の伝承者から演奏や言葉を通じて、すなわち「口傳心授」によって直接に学ぶほかないのである。そして、このような「口傳心授」を通じて演奏者に蓄積された知識と経験をもって、ある楽曲について自らの見解において解釈を行うことを「打譜」(dapu) と称している。「口傳心授」は、琴曲の伝承と解釈における基盤なのであり、それなしでは琴楽自体、現代まで伝えられることは不可能であったといえる。
　それに対して琵琶の場合には、敦煌などにおいて古い時代の琵琶譜が発見されているものの、その解読については定説となるものはいまだ打ち出されてはいない。記譜法と収録されている曲目が現在まで伝承されてきたものと大きく異なるためであるが、当時の伝承を支えていたであろう「口傳心授」の伝統が途絶えてしまっていることが、楽曲の復元をいっそう困難にしているのである。
　先に述べたように、現在では音楽研究者がヤオ族民謡を採譜する際に、数

字譜が用いられることがあるものの、数字譜を伝承の媒体として応用することは、ヤオ族民謡を特徴づける独特な装飾的歌唱法や不規則なリズムを、数字譜によって記録することに非常な困難が予想されるため、必ずしも適切であるとはいえない。たとえ、何らかの記号によってそれらを記述したとしても、数字譜自体に慣れていないヤオ族および他の民族の民謡歌唱者にとって、それが正しく理解されるとは限らず、数字譜に盛り込まれた情報が誤って伝えられる可能性も否定できないのである。このような状況ゆえに、ヤオ族民謡の伝承は琴楽におけると同様に、楽譜に記載される情報を参考にしつつも、主に「口傳心授」によることがもっともふさわしいと判断されるのである。

## 2. 過山ヤオ族民謡の伝承

民族としてのヤオ族には、居住地の地理環境や生活習慣などに基づいて、さらに「過山ヤオ族」、「排ヤオ族」、「平地ヤオ族」などの下位分類を設けることができる。筆者が現地調査の対象地域とした金秀大瑤山に住む盤ヤオ族と山子ヤオ族は、主に山地での農業と林業を生業としているが、山の土地の所有権を持たず、耕作できる土地がなくなると、すぐに新しい場所に移動して生活する習慣を持つことから、過山ヤオ族に分類されている。筆者のもう1つの調査地域である中越国境の河口に居住する紅頭ヤオ族と藍靛ヤオ族、およびベトナム側のラオカイ省に居住する紅ザオ族と黒ザオ族なども、生業や生活習慣において金秀大瑤山の盤ヤオ族や山子ヤオ族と共通性が見られるため、やはり過山ヤオ族として扱われる。本節では、これら過山ヤオ族に属する紅頭ヤオ族群や藍靛ヤオ族群の民謡について、その伝承と変容を中心に考察する。

### （1） 紅頭ヤオ族群における民謡の伝承

過山ヤオ族に属するヤオ族のうち、金秀大瑤山に居住する盤ヤオ族、河口ヤオ族自治県に居住する紅頭ヤオ族、ベトナム・ラオカイ省に居住する紅ザオ族などの集団は、紅頭ヤオ族群として一括される。この族群を特徴づけるものとして、服装と女性の帽子に赤色が使われていることから、このようにまとめら

れている。帽子の場合、種類とデザインはさまざまであるが、いずれの集団においても赤色の布を材料としている点では共通している。

　紅頭ヤオ族群に属する各集団のミエン（勉）語と呼ばれる言語は、いずれもシナ・チベット語族ミャオ・ヤオ語系のヤオ族支に属している。これらの言語の文法現象は漢語の文法現象と類似する点が多く、その語順が漢語の語順と大体同様のものであり、「単純詞」（1つの音節から構成する単語）の構成法がもっとも多く、声調が8個であるという特徴を持つものである。ミエン（勉）語の金方言優勉土語が、紅頭ヤオ族群全体に通用する言語となっている。紅頭ヤオ族群に「過山音」と称される民謡は、金秀大瑶山の盤ヤオ族や河口ヤオ族自治県の紅頭ヤオ族、およびベトナム・ラオカイ省の紅ザオ族のいずれにも見られるものである〈楽譜7、8〉。

　中越国境に居住するヤオ族の民謡の伝承について考察する際には、彼らがそこへ移住する以前に居住していた地域において伝承される民謡について調べることが、有効な方法の1つとなる。前述したとおり、現在中越国境一帯に居住

李　金叶採譜

楽譜7　雲南省河口ヤオ族自治県紅ヤオ族の「過山音」

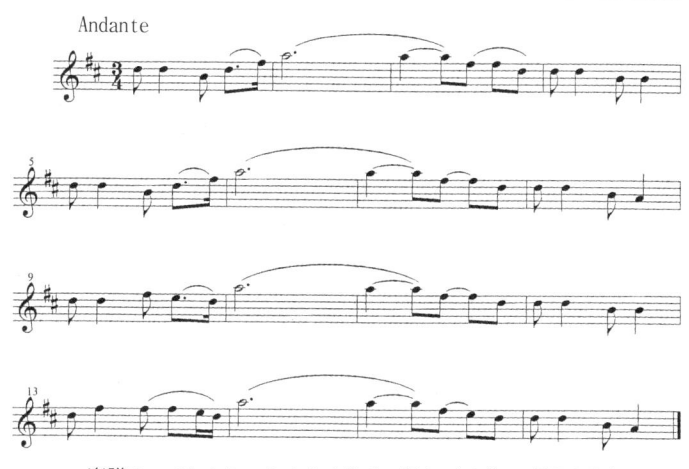

第8章　ヤオ族民謡の伝承と社会的機能　*131*

李　金叶採譜

楽譜8　ベトナム・ラオカイ省サパ県紅ザオ族の「過山音」

するヤオ族は、主に現在の広西チワン族自治区から雲南省を経由して、現居住地へと移住してきたことが確認されている。現代ヤオ族の社会には各種類の伝説が民間に伝わっている。そのうち、ヤオ族の世代伝承の『過山榜』には盤瓠伝説がすでに書かれている。また、現代ヤオ族の盤古王（盤瓠）を祭祀するときに歌われる《盤王大歌》などを通して盤瓠伝説が若い世代に伝わっている。本節では、広西チワン族自治区の中部に位置する金秀大瑶山が、ヤオ族の伝統文化の中心地であることが、彼らの間に広まっている以下のような伝説から推測されるのである。

　その伝説とは、「伏羲兄妹」（伏羲という兄とその妹）、「兄妹成親」（兄と妹の結婚）、「伏羲兄妹造人民」（伏羲という兄とその妹が人間を作った）などであり、古代の社会における血族結婚を反映するものと見ることができる。これらの伝説は民謡の形でも伝承されている。以下にその一例を挙げる。

　　七日七夜洪水發、葫蘆浮上到天門。七日七夜洪水退、葫蘆跌落到崑崙。
　　山上樹木水淹死、世上全無一個人。尚剰伏羲兩兄妹、遇見金亀在山林。
　　伏羲問言金亀道：世上有人没有人？答言人們死尽了、你們兄妹結為婚。
　　（洪水が発生して七日七夜経つと、ヒョウタンの実は浮き上がって天上の門にまで達した。洪水が引き始めて七日七夜経つと、ヒョウタンの実は崑崙山にまで落ちた。

山々を彩っていた木々は水没したため枯れてしまい、世の中には生きている者は誰1人としていない。ただ伏義という兄とその妹だけが残されて、山の林で金の亀に出会った。伏義は亀に尋ねた「世の中には人はいないのでしょうか」。亀は答えた「皆死に絶えてしまいました。あなた方は兄と妹で結婚なさい」。）

さらに伝説によると、兄の伏義と妹が結婚した後、2人の間に生まれたのは、両目と両耳を持たない子供であった。夫婦はこのような子供をうとましく思い、子供の体を刻んで肉片にしてしまうと四方に撒き散らした。その肉片の一部が山の上に落ちて盤ヤオ族となり、茶山という場所に落ちて茶山ヤオ族となった。そして、山間の窪地（坳）に落ちると坳ヤオ族となり、山の麦畑に落ちると山子ヤオ族、花模様の竹藍に落ちると花藍ヤオ族となった。その後、これら5つの集団のヤオ族は、山奥に住みかを定め、畑を拓いて暮らしたとされる。

そして、伝説に現れる盤ヤオ族、茶山ヤオ族、坳ヤオ族、山子ヤオ族、花藍ヤオ族という5つの集団すべてが分布する地域こそ、金秀大瑶山なのである。金秀大瑶山は中国南部ヤオ族の著名な居住地であることが人びとに認められる。金秀大瑶山のその高くて続いている山々と繁茂の森、および険しい地形のため、外界との交流が比較的困難である。それゆえに、長い間の文化蓄積に従い、金秀大瑶山ヤオ族の社会は独特な地域文化を形成することができる環境となっている。『金秀瑶族自治県志・記事篇』（551頁）によると、20世紀20年代以来、金秀大瑶山は国内の民族学や社会学などの各分野の学者たちにとってもっとも考察すべき地域となったことがわかる。1987年には、ヤオ族唯一の博物館が金秀大瑶山に設立されている。このように、伝説の時代から現代に至るまで、金秀大瑶山はヤオ族の主要な居住地であり、彼らの伝統文化の重要な分布地区となってきたのである。

さて、現在紅頭ヤオ族群に属する集団において歌われている民謡が、いつの時代から伝承されてきたかという問題を明らかにするためには、音楽史学と民族音楽学とを結び付けて考えることが1つの方法となると思われる。前出の金秀大瑶山に住む盤ヤオ族の民謡「貴金中」は、紅頭ヤオ族群の各集団を通じて広く歌われる「過山音」のうち、もっとも流暢な旋律を持つ民謡である。以下では、この盤ヤオ族の「貴金中」を事例として、それがいつ頃から彼らの社会

に伝承されてきたかについて考えてみたい。

　盤ヤオ族がいつの時代に金秀大瑶山へと移住してきたかについては、文献資料が限られているため、現時点では明確な年代の判断は困難である。しかし、現在盤ヤオ族の村人の家に所蔵されている手抄本などを手掛かりとして、おおよその時期についてはうかがうことができる。

　前述の『金秀瑶族自治県志・民族篇』（105頁）によると、現在、大瑶山東部に位置する金秀鎮共和村に住む趙至田の家には、先祖から代々伝えられてきた『太祖流子図式』という手抄本が所蔵されている。この手抄本には、趙一族の10代にわたる先祖の姓名と埋葬地が記されており、それによると趙一族の第6代までの先祖は、現在の広西チワン族自治区の桂平、荔浦、蒙山、象州に埋葬され、第7代から第10代までの先祖は大瑶山に埋葬されていることがわかる。第7代から第10代までの各世代の年齢差を25年として計算すると、4代で100年となる。この調査が行われた1982年当時、第11代に当たる趙至田は82歳であったため、趙一族が第7代の時代に大瑶山に移住したとすれば、それは現在から約180年前であったことが推測される。

　そして、同じく共和村に住む別の趙氏の先祖である趙成洲は、大瑶山の羅香郷大垌村に居住していたが、彼の孫の代に共和村へと移ってきた。現在の子孫は趙成洲から第9代に当たるので、その間についてやはり一世代を25年として計算すると、趙成洲とその子孫はこれまでに大瑶山において約225年間暮らしてきたこととなる。

　また、大瑶山西南部に位置する大樟郷新村のある村人の家にも、先祖が遺した手抄本『家先單』が伝えられており、その記述からはこの村人の先祖が14代にわたって大瑶山に埋葬されてきたことがわかる。一世代を25年として計算すると、村人の先祖は約350年前から大瑶山で暮らしてきたことが推測される。

　以上の例から、盤ヤオ族の人びとが大瑶山に移住を開始した時期は、現在より約350年前まで遡るものと判断してよいであろう。

　先に述べたように、盤ヤオ族は険しい山々が連なる地帯において移住を常とする生活を送っていることから、過山ヤオ族に分類されている。盤ヤオ族の民謡「貴金中」の歌詞には、山地で焼畑耕作と林業を主な生業とする彼らが、各

山地の間で移住して生活するうちに、各山地支配者との間でトラブルが発生することが避けられなかったことや、厳しい生活を送った状況が反映されるものもある。

　山地というごく限られた空間ゆえに、彼らが生業を営むにはさまざまな制限がある。焼畑以外に林業や狩猟などに従事するのも、耕作に適した土地が少ないことから、山地特有の自然環境を利用せざるを得ないためである。そして、森林を切り尽くしてしまったり、獲物となる動物が少なくなると、彼らは別の土地に移り住むのであるが、その際に移住先の先住者や山地主との間で葛藤が生じることは避けられない。前出の『太祖流子図式』から明らかなように、現在大瑶山に住む盤ヤオ族は、かつて広西チワン族自治区の荔浦、桂平、蒙山などに居住していた。筆者は大瑶山へ行く途中、湖南省の長沙や衡陽、広西チワン族自治区の荔浦や桂平など、ヤオ族の居住地であった一帯の風景を実見する機会があり、いずれも険しい山が連なった地形であったことが思い出される。このように、盤ヤオ族が大瑶山に移住する前に生活を営んでいた土地も、やはり山地に属する以上、そこを所有する原山地支配者から排斥することを受けていた可能性が考えられる。

　一方、山地に居住するという特殊な生活形態ゆえに、公権力により課せられる賦役は免ぜられていたことが、以下の文献からうかがえる。『隋書・地理志』志第26巻（520頁）には、次のような記載がある。

　　「長沙郡又雑有夷蜒、名曰莫傜。」
　　（長沙郡ではまた異民族が集まり住んでおり、「莫傜」と呼ばれている。）

　また、『宋史・蛮夷列傳』列傳巻第252（5824頁）には次のように書かれている。

　　「蛮猺者、居山谷間…不事賦役、謂之猺人。」
　　（蛮猺は山や谷の間に居住し、租税と夫役をまぬがれているため、猺人と呼ばれる。）

　前者に見られる「莫傜」という名称は、「莫」が禁止を意味し、「傜」が労役を意味するところから、労役を課されない人びとという意味であり、後者に見られる「猺人」という名称も、彼らが地租と夫役を免ぜられていたので、朝廷の納税制度に服従しない野蛮な山地民として、当時の朝廷が彼らを卑しめる

ことに由来するものであることが見て取れる。

　また前者からは、隋の時代にヤオ族の祖先が現在の湖南省の長沙に居住していたことがわかるが、さらに後者の別の個所には、宋時代の広西にヤオ族が居住していたことが、次のように記述されている（『宋史・蛮夷列傳』列傳卷第254〔5839頁〕）。

　　「廣西所部二十五郡、三方隣溪峒、与蛮猺黎蜑雑處。」
　　（広西には25の郡があり、三方が溪峒に接して、ヤオ族とリー族が漢族と交じり住んでいる。）

　また、宋時代における居住地については、周去非の『嶺外代答・外国下』巻3（414頁）にも、次のように記述されている。

　　「静江府五縣、与猺人接境、曰興安、霊川、臨桂、義寧、古縣。」
　　（静江府に属する興安、霊川、臨桂、義寧、古県の5つの県は、ヤオ族の居住地と境を接している。）

　さて、「貴金中」の歌詞の詩体は「七言四句」であり、これは漢族の古典詩であるいわゆる漢詩にも多く用いられている。ヤオ族は固有の文字を持たず、漢字を借用して民謡の歌詞を書き留める習慣が行われている。ヤオ族の民謡の詩体は、漢詩の影響のもとに形成された可能性がある。また、「貴金中」で用いられる音階は、ソラドレミの五音音階であり、これは漢族と少数民族を含めて中国南部に広く見られる音階である。前出の『春秋左氏傳』の記述からは、宮、商、角、徴、羽の5音から成る音階が、春秋時代の紀元前517年には民間においてすでに用いられていたことが明らかである。中国南部で一般的な五音音階は半音を含まず、各音の間における最小の音程は長2度である。五音音階と並んで中国伝統音楽において用いられる六音音階や七音音階も、五音音階に基づいて発展を遂げたものである。

　先に見たように、ヤオ族は明代以前には主に現在の湖南および広西に分布していたことがわかっているが、現在湖南省に伝わる漢族民謡〈洗菜心〉、〈郎在外間打山歌〉、過山ヤオ族民謡〈在家未聴老者話〉、〈盤古子孫十二姓〉、広西に伝わる漢族民謡〈秋後喜慶黄金果〉、過山ヤオ族民謡〈進山全靠樹遮陽〉、〈肚里没文百様難〉などは、いずれも五音音階に基づくという点で共通している。

これらの民謡のうち、湖南に伝わる過山ヤオ族の古い民謡である〈盤古子孫十二姓〉は、旋律の動きなどにおいて盤ヤオ族の「貴金中」と類似するところもあり、注目される〈楽譜9〉。

楽譜9　湖南省江華県過山ヤオ族の「過山音」
（出典：農冠品等編《中国歌謡集成・廣西巻》第1380曲過山ヤオ族民謡〈盤古子孫十二姓〉北京：中国社会科学院、1992年）

　以上の諸点を総合して考えると、詩体において漢詩と共通性を有し、かつ明代以前から民間音楽に用いられていた五音音階に基づく盤ヤオ族の「貴金中」は、今から約350年前に彼らが大瑶山へと移り住んだのにともなってもたらされた古い民謡であることが推測される。
　「貴金中」の音調は、漢族の山歌と類似し、高く朗々と響きわたるのが特徴である。これは、いずれも山地という歌われる場の自然環境の共通性ゆえに、同様な特徴が形成されたものと考えられる。
　先述したように「貴金中」は、紅ヤオ族群の各集団の中で盤ヤオ族の「過山音」という民謡の1種である。以下では、各集団に伝承される「過山音」と称される民謡の間に見られる相違点について見てみたい。
　現地調査において、雲南省の河口ヤオ族自治県やベトナムのラオカイ省サパ県に居住する紅頭ヤオ族群のヤオ族に伝承される「過山音」は、盤ヤオ族の「過山音」（貴金中）とは、旋律の動きや歌詞において相違が見られることがわ

かった。例を挙げると、盤ヤオ族においても、また河口の紅頭ヤオ族においても、彼らの「過山音」は、一定の小節から構成される旋律を、少しずつ形を変えて何回も繰り返して歌う形式を採る点で共通しているものの、盤ヤオ族では主にソラドレミの五音音階の範囲で旋律を進行するのに対して、河口の紅頭ヤオ族においては、主にソラシドレミの六音音階の範囲で旋律を進行することが見られた。これは、「過山音」における様式的変異として注目してよいであろう。

次に、筆者が現地で採録した各集団の「過山音」の歌詞をいくつか挙げてみよう。

盤ヤオ族山歌〈唱起歌来解歌悶〉
　　唱起歌来解歌悶、喝杯涼水解心頭、涼水解得心頭好、唱歌解得万年憂。
　　（歌を歌えば気分が晴れる。冷たい水を飲めば胸の塞ぎが消える。水は塞ぎを消してくれる。歌は心にわだかまる心配事を消してくれる。）
　　歌唱者：金秀ヤオ族自治県忠良郷十八家林場の趙秀珍〈写真23、24〉

写真23　広西チワン族自治区金秀ヤオ族自治県忠良郷の金秀林場十八家盤ヤオ族村の全景（2000年8月10日、著者撮影）

紅頭ヤオ族古歌〈太陽出来半天高〉
　　太陽出来半天高、太陽落了月亮照、求得你們到寨来、和我們対歌唱歌。
　　（太陽が出て、空高く昇る。太陽が沈んで、月が輝く。あなた方は私たちの部落に来て、私たちと「対歌」をして下さる。）
　　歌唱者：河口ヤオ族自治県南

写真24　広西チワン族自治区金秀ヤオ族自治県忠良郷の金秀林場十八家盤ヤオ族の歌唱者　趙秀珍（1958年生まれ）（2000年8月10日、著者撮影）

138　第Ⅳ部　ヤオ族の歌掛けを中心とする音楽文化

写真25　雲南省河口ヤオ族自治県南溪鎮紅ヤオ族村の風景
　　　　（2000年8月29日、著者撮影）

写真26　雲南省河口ヤオ族自治県南溪鎮紅ヤオ族の歌唱者趙大妹（1940年生まれ）
　　　　（2000年8月29日、著者撮影）

溪鎮馬革生産隊の趙大妹〈写真25、26〉

紅ザオ族生活歌〈白天趕集賣東西〉
　白天趕集賣東西、晩上大家来対歌、東西賣給京族人、晩上大家対情歌。
　（昼間は市場で物を売る。晩には皆で「対歌」を歌う。物は京族の人に売り、晩にはみなで思いを交わす。）
　歌唱者：ラオカイ省サパ県ダイビン社の趙大妹〈写真27〉

紅ザオ族情歌〈当年妹妹見哥哥〉
　当年妹妹見哥哥、没有談情和説愛、現在再見到哥哥、年齢偏大已遅了。
　（あのころ娘は若者に出会っても、思いを打ち明けることができなかった。今もう一度若者にめぐり会えたが、年を取ってしまい遅すぎた。）
　歌唱者：ラオカイ省サパ県チュンチャイ社の陸大妹（1975年生れ）

　これらの紅頭ヤオ族群民謡の歌詞に盛られている内容はさまざまであり、歌の体裁も「山歌」、「古歌」、「生活歌」、「情歌」など広い範囲にわたっている。また、各地の集団において自民族の「過山音」の旋律からさまざま

な歌が作られ伝えられているのは、ヤオ族の社会が漢族のように高度な音楽文化を発展させ得る環境にはないため、ごく限られた素材を活用することによって彼らの音楽的伝統が形成されてきたことを物語るものと考えられる。

写真27　歌唱中のベトナム・ラオカイ省サパ県ダイビン社紅ザオ族の趙大妹（1965年生まれ）（2000年8月20日、著者撮影）

（2）　藍靛ヤオ族群における民謡の伝承

　紅頭ヤオ族群と同じく過山ヤオ族に属する藍靛ヤオ族群のヤオ族には、金秀大瑶山の山子ヤオ族、河口ヤオ族自治県の藍靛ヤオ族、沙ヤオ族、ベトナム・ラオカイ省の黒ザオ族などが含まれる。この族群を特徴づけるものとして、日常生活において藍染めの衣服と帽子を着用することが挙げられるが、例外として山子ヤオ族の女性は藍染めの衣服に赤色の帽子と飾り物を着用している。

　藍靛ヤオ族群に属する各集団の言語は、紅頭ヤオ族群の言語と同様に、いずれもシナ・チベット語族ミャオ・ヤオ語系のヤオ族支に属している。これらの言語のうち、ミエン（勉）語の金方言金門土語が、藍靛ヤオ族群全体に通用する言語となっている。

　筆者は現地調査において、藍靛ヤオ族群の民謡においても、紅頭ヤオ族群と同様に各集団に自分なりの特徴を持つ旋律が存在することを知った。このような旋律を有する民謡は、藍靛ヤオ族群の人びとからやはり「過山音」と称されているが、紅頭ヤオ族群の「過山音」とは別種である。金秀大瑶山の山子ヤオ族、河口ヤオ族自治県の藍靛ヤオ族、ベトナム・ラオカイ省の黒ザオ族のいずれにも、自分なりの「過山音」が自民族の社会に伝えられている。

　これらのヤオ族集団の「過山音」のうち、歌詞については、山子ヤオ族のものと藍靛ヤオ族のものとの間で相違が見られるものの、旋律の動きには似たところが見られる。形式においても、一定の小節から構成される旋律を、少しずつ形を変えて何回も繰り返して歌うという点で共通している〈楽譜10〉。こ

140　第Ⅳ部　ヤオ族の歌掛けを中心とする音楽文化

李　金叶採譜

Lento

楽譜10　雲南省河口ヤオ族自治県藍靛ヤオ族の「過山音」

れは、紅頭ヤオ族群の「過山音」の形式とも共通するものである。
　次に、筆者が現地で採録した藍靛ヤオ族群各集団の「過山音」の歌詞をいくつか例示しよう。

山子ヤオ族生活歌〈客来主家唱開頭〉
　　客来主家唱開頭、今晩唱歌問主家、同意唱我們就唱、不同意我們退堂。
　　（お客たちが主人に歌いかける。今晩は歌ってよいでしょうか。許されるなら歌います。許されないなら帰ります。）

歌唱者：金秀ヤオ族自治県長桐郷古古瑤寨の盤桂和ほか〈写真28、29〉

藍靛ヤオ族古歌〈少数民族住山里〉
　　少数民族住山裏、万年住在枯林箐、前世老人自落後、山嶺茫茫無路行。
　　（少数民族は山の中に住む。昔から枯林箐という場所に住んできた。前世老人という神様が山を下ってしまってからは、果てしなく連なる嶺々

写真28　広西チワン族自治区金秀ヤオ族自治県長桐郷山子ヤオ族村の「寨門」
（2000年8月7日、著者撮影）

な歌が作られ伝えられている
のは、ヤオ族の社会が漢族のよ
うに高度な音楽文化を発展さ
せ得る環境にはないため、ご
く限られた素材を活用するこ
とによって彼らの音楽的伝統
が形成されてきたことを物語
るものと考えられる。

写真27　歌唱中のベトナム・ラオカイ省サパ県ダイビン社紅ザオ族の趙大妹（1965年生まれ）（2000年8月20日、著者撮影）

（2）藍靛ヤオ族群における
　　　民謡の伝承

　紅頭ヤオ族群と同じく過山ヤオ族に属する藍靛ヤオ族群のヤオ族には、金秀大瑶山の山子ヤオ族、河口ヤオ族自治県の藍靛ヤオ族、沙ヤオ族、ベトナム・ラオカイ省の黒ザオ族などが含まれる。この族群を特徴づけるものとして、日常生活において藍染めの衣服と帽子を着用することが挙げられるが、例外として山子ヤオ族の女性は藍染めの衣服に赤色の帽子と飾り物を着用している。

　藍靛ヤオ族群に属する各集団の言語は、紅頭ヤオ族群の言語と同様に、いずれもシナ・チベット語族ミャオ・ヤオ語系のヤオ族支に属している。これらの言語のうち、ミエン（勉）語の金方言金門土語が、藍靛ヤオ族群全体に通用する言語となっている。

　筆者は現地調査において、藍靛ヤオ族の民謡においても、紅頭ヤオ族群と同様に各集団に自分なりの特徴を持つ旋律が存在することを知った。このような旋律を有する民謡は、藍靛ヤオ族群の人びとからやはり「過山音」と称されているが、紅頭ヤオ族群の「過山音」とは別種である。金秀大瑶山の山子ヤオ族、河口ヤオ族自治県の藍靛ヤオ族、ベトナム・ラオカイ省の黒ザオ族のいずれにも、自分なりの「過山音」が自民族の社会に伝えられている。

　これらのヤオ族集団の「過山音」のうち、歌詞については、山子ヤオ族のものと藍靛ヤオ族のものとの間で相違が見られるものの、旋律の動きには似たところが見られる。形式においても、一定の小節から構成される旋律を、少しずつ形を変えて何回も繰り返して歌うという点で共通している〈楽譜10〉。こ

140　第Ⅳ部　ヤオ族の歌掛けを中心とする音楽文化

李　金叶採譜

楽譜10　雲南省河口ヤオ族自治県藍靛ヤオ族の「過山音」

れは、紅頭ヤオ族群の「過山音」の形式とも共通するものである。
　次に、筆者が現地で採録した藍靛ヤオ族群各集団の「過山音」の歌詞をいくつか例示しよう。

山子ヤオ族生活歌〈客来主家唱開頭〉
　　客来主家唱開頭、今晩唱歌問主家、同意唱我們就唱、不同意我們退堂。
　　（お客たちが主人に歌いかける。今晩は歌ってよいでしょうか。許されるなら歌います。許されないなら帰ります。）
　　　　　　　歌唱者：金秀ヤオ族自治県長桐郷古占瑶寨の盤桂和ほか〈写真28、29〉

藍靛ヤオ族古歌〈少数民族住山里〉
　少数民族住山裏、万年住在枯林箐、前世老人自落後、山嶺茫茫無路行。
（少数民族は山の中に住む。昔から枯林箐という場所に住んできた。前世老人という神様が山を下ってしまってからは、果てしなく連なる嶺々

写真28　広西チワン族自治区金秀ヤオ族自治県
　　　　長桐郷山子ヤオ族村の「寨門」
　　　　（2000年8月7日、著者撮影）

にたどる路もない。)
歌唱者：河口ヤオ族自治県瑶山郷水槽村の李建蓮、鄭建蓮、李小珍、王国英〈写真30、31〉

藍靛ヤオ族情歌〈果李果桃共混種〉
果李果桃共混種、種得成行枝引枝、桃李面前得六合、男女同排心裏涼。
(スモモとモモを一緒に植えた。二列に育って枝も伸びた。モモとスモモの木の前に6組の男女が集い、一列に並ぶと晴れ晴れとした気持ちになる。)
歌唱者：河口ヤオ族自治県瑶山郷にて催された定歌会の参加者全員（2000年8月24日）

黒ザオ族生活歌〈胡志明与人民〉
胡志明創共産党、少数民族有飯吃、有服装生活独立、万年感謝胡志明。
(ホーチミンが共産党を創立してから、少数民族は食べ物や着る物に事欠かない暮らしが送れるようになった。いつまでもホーチミンに感謝を捧げます。)
歌唱者：ラオカイ省バオタン県フォンハイ社の黄氏潤、談氏春、黄氏春〈写真32〉

写真29 広西チワン族自治区金秀ヤオ族自治県長桐郷古占瑶寨山子ヤオ族の歌唱者盤桂和（1929年生まれ、左端）、陳英雲（1934年生まれ、左から2人目）、陳玉藍（1952年生まれ、右端）、李美見（1950年生まれ、右から2人目）（2000年8月7日、著者撮影）

写真30 雲南省河口ヤオ族自治県瑶山郷の水槽村の風景（2000年8月24日、著者撮影）

　以上に挙げた歌詞からは、藍靛ヤオ族群の「過山音」も、紅頭ヤオ族群の「過山音」と同様に、「生活歌」、「情歌」、「古歌」などさまざまな歌に用いられていることがわかる。また、中国に住む集団では、歌詞に彼らの日常生活や伝説が歌い込まれているのに対して、ベトナムに住む集団においては、ホーチミンを称え

写真31 雲南省瑶山郷水槽村の藍靛ヤオ族の歌唱者李建蓮（1973年生まれ、右端）、鄧建蓮（1970年生まれ、右から2人目）、王国英（1970年生まれ、左端）、李小珍（1970年生まれ、左から2人目）
（2000年8月24日、著者撮影）

写真32 ベトナム・ラオカイ省バオタン県フォンハイ社黒ヤオ族の歌唱者黄氏潤（1959年生まれ、前列）、談氏春（1966年生まれ、後列左側）、黄氏春（1974年生まれ、後列右側）
（2000年8月19日、著者撮影）

る政治的な内容の歌詞が歌われていることが注目される。中国の集団とベトナムの集団とでは、それぞれ生活する社会環境が異なるため、信仰や物事に対する認識にも違いが生じている。彼らの周りにいる他民族の信仰や認識が、それぞれに影響を及ぼすことも考えられる。それらが要因となって、彼らの音楽文化に変容が引き起こされる可能性は否定できない。音楽の伝承と社会環境との間には密接な関係があるのであり、ヤオ族民謡の伝承について考察する上で、社会学的な観点を取り入れることは、極めて高い有効性を持つものと思われる。

現在の中国においては、毛沢東の写真を家に飾るような、文化大革命の際に広く見られた習慣はすでになくなっている。ヤオ族も同様であり、毛沢東に対する崇拝は次第に失われつつある。そして、文化大革命の期間には禁止されていた宗教儀礼などが復活し、ヤオ族の人びとが自らの祖先と仰ぐ「盤古王」に対する崇拝の念が、非常な高まりを見せているのである。「盤古王」を称える民謡は、彼らの祭りに欠かせないものとして歌われている。

このような中国における状況に対して、ベトナムにおいては、私の見聞した範囲では、ベトナム共産党の創立者であるホーチミンに対する崇拝の念が現

在でも失われていないように見受けられる。解放記念日に行われるパレードでは、多くの参加者がホーチミンの写真を貼ったプラカードを掲げて行進し、筆者の調査対象地域であるラオカイ省においても、個人の家にホーチミンの写真が飾られていることは珍しくなかった。

ベトナム社会におけるこのようなホーチミン崇拝は、ベトナムに住むザオ族の民謡にも影響を及ぼしているものと考えられる。筆者がラオカイ省バオタン県フォンハイ社に住む黒ザオ族の家を訪ねた折にも、家の入り口近くに置かれたテーブルの上にホーチミンの写真が飾られているのを見かけた。村長の協力を得て、村人たちの民謡をいくつか聴くことができたが、最初に歌われたのが先に挙げた〈胡志明与人民〉であった。

ところが、筆者がベトナムにおいてもう1つの調査対象とした紅ザオ族では、家にホーチミンの写真は飾られておらず、ホーチミンを称える民謡も歌われていなかったのである。この違いは、どこから来ているのであろうか。

それには、次のような要因が考えられるように思う。すなわち、その紅ザオ族は、ラオカイ省の省都であるラオカイ市とサパ県の中心部との間にある山岳地帯に居住しており、老人と子供はもっぱら家の周りの限られた場所を生活の範囲としている〈写真33〉。中年と若者は山のふもとに下りたり、キン族の市場などへ行くこともあるものの、生業はやはり山地で営んでいる。山のふもとから彼らの住む所までの道は、曲がりくねってしかも危険な個所があり、雨が降ると歩くこともままならない状態である。このような厳しい自然環境に生活するゆえに、彼らとキン族との交流はごく限られており、そのため政治的な個人崇拝に関するものも含めて、キン族からの風俗習慣面での影響が及びにくかったものと推測されるのである。

一方、前出の黒ザオ族の場合、彼らの居住地はラオカイ市とバ

写真33 山地にあるラオカイ省バトサト県トンザン社紅ザオ族の家の前で針仕事を行う人びと
（2000年8月19日、著者撮影）

オタン県の中心部との中間にある台地に位置し、近くに国道が通っているため他のヤオ族居住地よりも交通が比較的便利である。人びとが生活を行う範囲も広く、キン族との交易も盛んである。このような環境ゆえに、彼らはキン族の商人や運転手などとの交流を通じて、キン族から風俗習慣において影響を受けやすいのである。

　このように、同じくベトナムに居住するザオ族であっても、置かれた自然環境や社会環境の相違によって、キン族から受ける影響には差が生じるのであり、黒ザオ族のように生活範囲が広く、交通便利な場所に居住するならば、キン族との交流を通じておのずとその文化が受容されることとなる。ザオ族の一部の集団に伝承されるホーチミンを称える民謡は、現在のベトナムにおいてザオ族が置かれている社会的、文化的状況の一端を物語るものといってよいであろう。

　藍靛ヤオ族群に属するヤオ族には、集団で民謡を歌う際に多声部から成る歌唱が行われることも見られる。彼らは集団で焼畑耕作や林業、狩猟を行い、収穫や獲物の獲得を祝う際にもみなが一緒に楽しむことを非常に重視している。それゆえ、こうした集団での共同作業や娯楽は、彼らの音楽文化における多声部民謡の形成、伝承の基礎的条件であると考えられる。現地調査では、藍靛ヤオ族群に属する山子ヤオ族には、男女の二声部に分かれて民謡を合唱する習慣があることが確認された。彼らの歌唱は、ベトナムの黒ザオ族のような模倣対位法による歌唱ではなく、和声的な効果を意識したものである。このように、山子ヤオ族の人びとは西洋音楽の和声法を知っていないにもかかわらず、理想的な音の響きを求めてさまざまな音の組み合わせを工夫し、独特な多声部民謡を伝承しているのである。

## 3. ヤオ族民謡の社会的機能

　ヤオ族の歴史と同じく、彼らの民謡にも長い伝統がある。民謡は、彼らの生活において大きな位置を占め、人びとの交際における重要な手段となっており、生産活動や日常生活のさまざまな局面において、欠かせないものとして盛

んに歌われている。ヤオ族の民謡は、彼らの精神生活と物質生活のすべてを網羅した「百科全書」といえる。

　これまで筆者がフィールドワークから得られたデータや歴史資料を分析する際には、ヤオ族の民謡が手掛かりとなることがしばしばであった。ヤオ族の民謡には多くの種類があり、内容も複雑である。歌の目的によって、即興的に歌われる民謡も少なくない。その一方、伝承される過程において固定化が進行していったものもある。ヤオ族民謡には社会的機能が非常に明確に見て取れる。民謡は、人びとの生活における交際手段としての重要性ゆえに、彼らの伝統文化が世代を超えて受け継がれるための主要な媒体となっているのである。

　本節においては、ヤオ族民謡の社会的機能について、宗教儀礼、歴史伝承、生活知識、および情感表現という４つの側面に着目して検討を行う。これらは、ヤオ族民謡を特徴づける「應事而生」(yingshi-ersheng、事柄に応じて生み出されること) というあり方をふまえたものである。むろん、多くの場合ある民謡に盛り込まれた事象は１つにとどまるものではなく、ここではあくまでも、そのうちの主たるものを取り上げるに過ぎないことを付記しておく。

（１）　宗教儀礼としての機能
　前述のように、ヤオ族で行われる宗教は、自然崇拝と祖先崇拝を中心としたものである。ヤオ族の宗教儀礼においては、一般には師公および道師が主宰となり、一定の手順に従って祭祀を行う。その際、鼓や銅鈴などの打楽器を演奏しながら歌や踊りを行うことが、儀式の重要な構成部分となっている。ヤオ族の祭祀において歌われる民謡は、音の構成が非常に単純であり、拍節も主に自由なリズムによっている。各地のヤオ族の集団では、集団独自の宗教儀礼に際して、それぞれの儀式内容に合った歌が歌われている。たとえば、広西チワン族自治区南丹県の白褲ヤオ族では、「砍牛送葬」という儀式を行う際に、〈祭炮歌〉、〈牽牛歌〉、〈哭牛歌〉、〈祭刀歌〉などが歌われる。広西金秀大瑶山の盤ヤオ族では、彼らの祖先である「盤古王」の祭祀儀式において、主宰者である師公は昼から夜に至るまで、彼らの４つの神聖な書物である『師歌書』、『流落歌書』、『大歌書』、『男女歌書』に収められる歌を歌い続ける。

　また、ヤオ族には太陽と大樹を神として崇拝する風習があり、それらを祭る

際にも歌が歌われる。山地に生活する彼らにとって、太陽と大樹は生命の源であり、この２つを自然界を代表する神として崇拝しているのである。ヤオ族の祭神儀式である「還盤王願」に際して歌われる古くから伝わる歌謡を集めた《盤王大歌》は、彼らの神話伝説から生活のあらゆる局面にわたる内容を有する歌謡を収めたものであるが、そのうちの〈日出早〉に、太陽と大樹を歌い込んだ次のような歌詞が見られる。

「日頭東昇松柏林、穿出松林浮樹頂、昇上樹梢騰天起、高大松柏引日行。」
（太陽が松柏の森の東に昇る。森を通って木々の頂きに達し、梢を越えて中天に至る。そびえ立つ松柏は太陽を引き寄せているようだ。）

このような太陽と大樹とを結び付ける考えは、中国古代の文献にも見られるところである。『山海經・大荒西經』山海經巻16（75頁）には、次のような記載がある。

「西海之外、大荒之中、有方山者、上有青樹、名曰柜格之松、日月所出入也。」
（西方の海の外れ、日月の没する彼方に方山という山がある。山の上には青々と茂る木がある。それは柜格の松と呼ばれ、日月がそこから出入りするのである。）

また宋時代の『楚辞補注』離騒經第１（28頁）には、屈原が書いた「折若木以払日兮」（太陽の没する所に生える若木という木を折って太陽を払う）という句が見られる。この「若木」については、『山海經・大荒北經』山海經巻17（80頁）に、「青葉赤華、名曰若木」（青い葉に赤い花をつける木を若木と呼ぶ）と記されている。ほかにも中国近代以前の伝説には、「日出扶桑」（東海の扶桑という神木の生えているところから日が昇る）などがあり、日が出入りする所に神聖な木が生えているという考えが広まっていたことがうかがえる。

《盤王大歌》が歌われる「還盤王願」（haipan-wangyuan）は、ヤオ族の祖先である盤古王（盤瓠）を祭る各集団に伝わる宗教儀式の１つである。たとえば、広西金秀大瑶山に住む盤ヤオ族では、現在彼らの年中行事として「還盤王願」および「跳盤王」（tiaopanwang）の２種の儀式が行われている。このような盤古王を祭祀する儀式は、晋時代の干宝の手に成る『捜神記』巻14（432頁）にも記載が見られる。

任曲》と呼ばれる組歌中の第1曲〈黄条沙〉の歌詞は、次のようなものである。

> 人到中年会思量、入山砍木做車梁：架得水車轉、運水灌田秧。
> （人は中年になると、いろいろと考えつく。山に入って木を切り出し、車や梁を作る。水車を据え付け回して、苗代に水を注ぎ入れる。）

このような農作業に関する祖先の知恵を題材とする民謡は、人びとに古代の生活史を伝えるのみならず、祖先を見習って暮らしに知恵を働かせるようとす意味も備えているものと考えられる。

《密洛陀》は、ミャオ系の言語であるプヌ語を話す集団に伝わる歌謡集であり、密洛陀とはヤオ族の神話における創世の女神を指す。プヌ語を話すヤオ族集団では、密洛陀など創世の神々の業績を称えるため、毎年6月に「達努節」（danujie）という祭りを行い、その際に《密洛陀》が歌われる。《密洛陀》に収められる歌謡は、天地万物の起源について説明するもので、全体で32章から成り、創世の女神密洛陀の業績を中心に、その他に12人の男神と12人の女神の創世における業績が述べられる。

《密洛陀》は、「造天地日月」、「神恋歌」、「造群山峻嶺」、「造江河湖泊」、「劈路造橋」、「取竹秧樹種」、「播種造林」、「造雨」、「造百鳥群獣」、「造穀類食物」、「遷徙分姓」などの項目から構成され、自然界の万物がいかにして生み出されたかについて幅広く詳細に説き明かされる。そこには古代人の自然観が濃厚に反映されているものと考えられる。

《盤王大歌》や《密洛陀》などの創世に関する古歌には、ヤオ族の人びとにとって知識の伝承という教育的意義が認められるが、同時に外部の人間がヤオ族の歴史を理解、研究する際の重要な文献資料であり、そこからヤオ族の民族性の形成や厳しい生活を支える精神力の源など、彼らの精神生活におけるさまざまな様相についてうかがい知ることができる。それゆえ、このような歴史伝承としての古歌は、宗教儀礼としての古歌よりも実際的な研究価値は大きいものといってよいであろう。

## （3） 生活知識としての機能

ヤオ族にとって、民謡は人びとの交際における手段の1つであり、生活におけるさまざまな活動に不可欠なものとなっている。とりわけ、情報交換のための媒体として重要な役割を果たすものであることはいうまでもない。ヤオ族の生活のあらゆる局面において、民謡が実用的な機能を発揮していることを認めることができる。それゆえ、彼らの生活において歌を歌うことは大きなウエートを占めており、また多くのヤオ族民謡が生み出される要因ともなっているのである。筆者は2000年にベトナム北部のサパ県においてフィールドワークを行った際、市場へ行く途中の紅ヤオ族の人びとと出会い、サパ県ダイビン社に住む趙大妹という女性から〈白天趕集賣東西〉という民謡を聴くことができた。これは市場での物の売買を内容とした歌である。また、筆者は2001年に中越国境近辺の雲南省金平ミャオ族タイ族ヤオ族自治県平安寨の尖頭ヤオ族の村で民謡の伝承状況を調査したときに、村の女性2人は〈有銭日子就好過〉（お金があれば、生活が過ごしやすい）や〈門口青苔三尺厚〉（家の入り口に三尺ぐらいの厚さのコケが生えている）というような生活に関する歌を私に歌ってくれた〈写真34、35〉。このような偶然の機会における紅ザオ族民謡の収集や尖頭ヤオ族の村で現地調査から得られた情報などからも、民

写真34 雲南省金平ミャオ族タイ族ヤオ族自治県平安寨尖頭ヤオ族の歌唱者鄧才英（1963年生まれ、右側）、盤伍妹（1961年生まれ、左側）（2001年8月25日、著者撮影）

写真35 雲南省金平ミャオ族タイ族ヤオ族自治県平安寨尖頭ヤオ族の村落の風景（2001年8月25日、著者撮影）

謡がベトナム・ザオ族と中国ヤオ族の人びとの暮らしにおいて大きな役割を担っていることが確認された。労働やさまざまな儀礼、通信などの局面において、人びとは民謡を歌うことを通じて互いのコミュニケーションを行っている。これはヤオ族の習俗の根幹に位置するものといってよい。

　ヤオ族の民謡には、労働の情景や仕事の手順を歌ったもの、仕事の動作のリズムに基づくものなど、労働に関連するものが少なくない。広西金秀大瑶山の〈刺繍歌〉、〈採茶歌〉、〈紡麻歌〉、〈造酒歌〉、都安や平果などに伝わる〈打猟歌〉、〈駆獣歌〉、桂平の〈放排歌〉、富川の〈賣柴歌〉、賀県の〈豆腐歌〉、広東連南の〈挿田歌〉などである。これらの民謡はその機能性が明確であり、音調が単純でリズムの特徴も労働の内容や労働の強度と適合している。これらのうちには、力仕事に際して大声で掛け声をかけるように歌われるものもある。ヤオ族は主に山地で生業を営んでいるため、大きな樹木を切り倒したり、耕作地を作るために重い石を移すときなどには、集団で同時に一定のリズムで掛け声をかけて力を集中させるという習慣を持っている。このような人びとが集団で働く際に一定のリズムで掛け声をかけたことが、初期の労働歌が形成される基本的な要因であったのではないかと考えられる。

　また、ある民族の習俗は、彼らの歴史と信仰が要因となって、さまざまな形で生活の各局面に表現される。これらの習俗は、時間の経過とともに規範的なものとなることもある。その1つとして儀礼が挙げられる。

　ヤオ族の民謡には、儀礼と関わるものが数多く見られる。広西金秀大瑶山では、結婚式の際には〈婚姻歌〉、誕生日祝いには〈生日歌〉、寺廟で神々を祭る際には〈上香歌〉が歌われる。広西南丹では、宴会に際しては〈筵席歌〉、女性が嫁ぐ際には〈婚俗歌〉が歌われる。雲南河口には、〈酒席歌〉や〈封筵歌〉、〈房屋歌〉などが伝えられている。ヤオ族の間では、家を建てる際には儀礼を行い、建物と関わる歌を歌うことが習慣となっているため、広西の融安には家の土台を固める際に歌われる〈安根歌〉、表門が完成したときに歌われる〈過大門歌〉、棟上げに歌われる〈上梁歌〉などが伝えられている。ヤオ族には客をもてなす歌も数多くあり、〈敬茶歌〉、〈迎送歌〉、〈攔路歌〉、〈出門歌〉、〈敬煙歌〉、〈敬酒歌〉などが歌われている。出産や育児に関する儀礼も存在し、その際に歌われる歌には、広西の都安や巴馬の〈背帯歌〉、広東連南の

〈生孩子歌〉などがある。

多くの民族において、葬儀など故人を弔い哀悼する儀礼に際して、特定の歌が歌われることが見られるが、ヤオ族においても〈喪葬歌〉が歌われている。これには、師公と道公により歌われる宗教的歌曲と故人の親族により歌われる哀悼のための歌曲が含まれ、各集団ごとに葬儀の習俗が異なるため、さまざまな種類のものが存在する。たとえば、広西の南丹では、故人の棺が家の外へ運び出される際には〈送葬歌〉が歌われ、棺が土中に埋められてから3日間は、親族は毎日墓参りを行い〈哭墳歌〉を歌って故人を哀悼する。広西の大化では、故人の亡骸が棺に納められる際に、村の歌い手によって親族を慰め落ち着かせるために〈挽歌〉が歌われ、また棺が土中に埋められる前にも、師公により〈挽歌〉が歌われる。これらの〈挽歌〉の歌詞は、即興的に創作されるものであり、故人の一生が歌い込まれている。注目すべきことは、死者を弔うヤオ族の儀礼には、必ずしも哀調を帯びた雰囲気がともなうとは限らないということである。広東連南に伝わる〈哭喪歌〉の音調は、明るく活発なものであり、広西桂東において葬儀にともなう習俗として行われる歌垣である「喪俗歌堂」（sangsu-getang）でも、楽しげな雰囲気の中で故人を哀悼している。このような例からは、ヤオ族の人びとの生と死に対する1種の達観ともいうべき人生観を垣間見ることができよう。

ヤオ族は、歴史を通じて頻繁に移住を繰り返してきたこと、および「大分散小集中」という居住上の特徴から、彼らの間では漢字を用いて歌詞を表記した歌謡を手紙の代わりとして伝えることにより、相互のコミュニケーションが行われてきた。このような歌謡は「信歌」（xinge）と称され、遠隔地間の交流方法として各地の集団で行われている。信歌はその内容から、「移住信歌」（yizhu-xinge）、「査親信歌」（chaqin-xinge）、「求援信歌」（qiuyuan-xinge）、「訴苦信歌」（suku-xinge）、「愛情信歌」（aiqing-xinge）に分けることができる。

「移住信歌」は、彼らの移住生活を題材としたもので、部落が移住するに至った原因、移住のルート、旅のありさま、一時居留地の自然環境や風土人情などが歌い込まれている。たとえば、〈千重嶺過万重山〉（〈交趾曲〉とも称される）は、広西の恭城に居住していたヤオ族の一部が、ベトナム北部のヴァンヴィン山地方に移住したのち、故郷に残った同族と連絡を取るために用いた信

歌であり、広西百色ヤオ族の民間に伝えられる「海南信歌」は、海南島の自然風景や物産などを紹介する信歌である。

「査親信歌」は、災難などによって離れ離れになっていた同族や親戚について尋ねることを目的とした信歌であり、一族の起源や離散の原因、再会への願いなどが歌われる。広西および雲南の藍靛ヤオ族に伝承される〈千山万水査山人〉や〈缺少山人査族信〉などが、その例として挙げられる。

「求援信歌」は、同族や友人に助けを求める内容の信歌である。湖南の桃川に住む盤ヤオ族が広西に居住する同族に経済的援助を求めた〈盼望衆親斉賜援〉（〈桃川信歌〉とも称される）がその例である。

「訴苦信歌」は、不幸に見舞われた人が人びとの同情や関心を引くために訴えかける内容のものである。雲南のヤオ族居住地に伝承される〈洋万――光始信歌〉は、かつて洋万という場所に住んでいた光始という老人が、晩年に襲われた不幸を訴える「訴苦信歌」である。

「愛情信歌」は、若い男女が互いの愛情を伝えることを目的としたものである。広西金秀大瑶山のヤオ族居住地に伝承される〈白紙写信紅紙封〉は、青年から娘に寄せる思慕の情が切々と歌い込まれたものである。

信歌は、意志や情報を歌謡の形式で伝達することを企図した独特な通信形態である。現在ヤオ族の間でさまざまな信歌が伝えられていることは、これまでその通信という目的がある程度まで達成されてきたことの証しと見ることができるかもしれない。しかし、時代の推移や頻繁な移住にともなう居住地間の遠隔化による疎遠、および集団ごとの言語と習俗の多様化などにより、信歌は次第に発信のみで返信を期待しない、主として情感を表現するための手段としての性格が強まっていったといえる。とはいえ、信歌の歌詞は、過去のヤオ族の事件や情感、生活状況などを反映するものであり、ヤオ族の歴史を研究する者にとって、非常に有用な資料であり情報源であるといえる。

（4）　情感表現としての機能

元来、歌謡という形式による通信媒体であった信歌が、情感表現の手段としての性格を強めていった裏には、もともと一部の信歌に濃密な情感の表出が見られたことも関わっていると思われる。先に挙げた5つの分類のうち「査

親信歌」は、離散した同族に寄せる思いを、一族の起源や離散の発端などの物語とともに表出するものであり、そこには一族のトーテムに対する崇拝や同族間の団結の希求を認めることができる。広西凌雲に住むヤオ族に伝承される〈査親古根歌〉には、「査親信歌」のそのような性格を明瞭に見て取ることができる。

　情感表現の手段としての性格は、「愛情信歌」にも見ることができる。「愛情信歌」は、近年移住の漸減にともなって居住地が比較的安定してきたことや、集団間における交流と通婚の活発化などに従って、いっそう盛んに歌われるようになってきた。歌詞の内容も、恋情や求愛、求婚などを率直に訴えかける直接的なものが多く見られる。広西金秀大瑶山において歌われる〈恋情信歌〉、〈求情歌〉、〈盤瑶求婚信〉などは、そのような愛情表現としての機能の勝った信歌といえる。

　「愛情信歌」に限らず、愛情表現を内容とする歌謡は、ヤオ族民謡の中で大きな割合を占めている。これは、ヤオ族の社会に伝統的に女性を重視する習慣があることとも関わるように思われる。ヤオ族の婚姻においては、女性の側にも一定の主導権と独立性があり、自由恋愛と自主的決定が認められている。婚姻を成立させるに当たっては、女性は自分の一族内において承認を得る必要があるが、その際にも女性の自主性は尊重される。

　ヤオ族の青年男女間の愛情は、主として歌によって表現される。歌は、彼らの恋愛のあらゆる局面に不可欠なものであり、歌を言葉に代えて自らの思いを伝えることは、ヤオ族の恋愛習俗における音楽を特徴づけるものといえる。このような歌をともなう恋愛の機会は、行われる状況によっておよそ3種に分けられる。すなわち、「歌節唱」（gejiechang、祭りに際して行事の一環として行われるもの）、「随場唱」（suichangchang、日時や場所が一定せず、人びとが集まる機会を利用して行われるもの）、「相約唱」（xiangyuechang、男女間で日時と場所を取り決めて行われるもの）の3種である。

　「歌節唱」の「歌節」（gejie）とは、ヤオ族の各集団において1年に1度行われる規模の大きな祭りを指す。このような祭りは、豊作を祈るためや何かの記念として行われ、必ず歌がともなうところから「歌節」と称されている。ヤオ族の若者たちの間では、このような「歌節」の機会を利用して恋歌を歌い、

意中の人に自分の思いを伝えることが行われている。

　広西金秀大瑶山に住む各集団においては、旧正月を祝うことがもっとも盛大な祭りとなっている。旧元日から15日までの旧正月の間、若者たちは集まって互いに恋歌を歌い合う。茶山ヤオ族を例に取ると、若者たちは「正月屋」(zhengyuewu、旧正月を祝う儀式を行う建物) に集まり、互いに「対歌」(duige) を行って、それぞれの胸の内を相手に伝えるのである。

　広東連山ヤオ族の村落では、毎年8月中旬に盤古王の誕生を記念して、民謡を歌う祭りである「開唱節」(kaichangjie) が行われる。「開唱節」の終了後、翌年の3月中旬までの間は、若者が未婚の女性(「莎瑶妹」と称される) の家へ行き、窓辺や戸口に立って求愛の歌を歌うことが村人から認められている。

　広西全州ヤオ族の地区においても、毎年旧正月の元日から15日にかけて歌祭りが行われる。祭りの期間中、若い男女は歌垣を行う場所に集まり、気に入った相手に向かって1人ずつ即興で歌いかけ、相手もそれに歌で答えるという応答を繰り返す。初めのうちはそれぞれ自分の気持ちをはっきりとは示さず、応答を繰り返すうちに次第次第に胸の内をほのめかすようにして、少しずつ互いの感情を探っていく。そして、互いに気があることがわかると、2人でその場を離れ、やはり歌の形であらためて次に会う日を約束するのである。

　これらの「歌節唱」が祭りを構成する行事の一環として、特定の日時に催されることが決められているのに対して、「随場唱」はより日常的な機会に行われる。その中には祭りに際して行われるものもあるが、その場合祭りという場を男女が出会う機会として利用しているのであって、必ずしも祭りに附随して催されるのではない点が異なっている。このような祭りを機会として男女が集うものが「節日随場」(jieri-suichang) である。広西の南丹に住む白褲ヤオ族に行われる「玩表」(wanbiao、恋歌の1種類の歌唱形式) はその例である。

　また、定期的に開かれる市を機会として行われるものは「墟市随場」(xushi-suichang) であり、白褲ヤオ族の間では「墟場玩表」(xuchang-wanbiao) が行われている。広西の南丹などでは、宴会や市場で知り合った男女2人が一緒に歩いて村へ帰る途中、他の人には聞こえないほどの小声で歌を交わす習俗が行われている。このような歌は、彼らの言葉で〈撒旺〉(sawang) と称されている。愛情の歌という意味である。〈撒旺〉は、土地の

ヤオ族の青年たちがもっとも愛唱する恋歌であり、一晩中歌い合う光景も見られる。歌詞の内容には、互いの愛情の深さを探り合うことやいかにして愛情をはぐくんでいくか、将来どのような家庭を築いていきたいかなど、恋人たちの情感が具体的に表出される。長時間にわたって歌われることもあるため、歌詞が800行以上に及ぶものもある。

　男女が共に集団での労働に参加した際に行われるものは「労働随場」であり、金秀大瑶山の六段に居住する茶山ヤオ族に行われる「唱香哩」（changxianli、「香哩」は歌詞のうちの囃し言葉を指す）がその例として挙げられる。この場合、歌の掛け合いを通じて男女が惹かれ合うに至ると、夜に再会する約束が交わされる。そして男が女の家まで行き、外の壁を登って2階にある女の部屋に入り、2人きりで再び掛け合いを行うのである。これは「爬楼」（palou）と称され、このときに掛け合いで歌われる歌は〈吊楼歌〉（diaolouge）と称される。

　「相約唱」は、男女の間であらかじめ出会う日時と場所を取り決めて行うものである。出会いの場所は、多くは祭りを行う広場や集会場である。雲南河口の藍靛ヤオ族の例を見ると、結婚適齢期である18歳から20歳前後の青年たちは、新年や農閑期になると、自分たちの村以外の村に住む娘たちを招いて「対歌」（duige）を催す習慣がある。昼間の間は、山にある空地で歌い合い、夜は家の中の囲炉裏の周りに坐って菓子を食べながら歌い合う。そして気に入った相手が見つかると、銀で造った飾り物などを交換して将来を誓い合うのである。

　貴州荔波ヤオ族の村落では、毎年8月に収穫した稲穂を蔵に収めたあとに、「鬧門墻」（naomenqiang）が行われている。これは、若者が娘の家の外まで行き、壁の節穴越しに双方が歌を掛け合うという習俗である。その際に歌われる歌は〈八月歌〉と称される。

　また現在では、地方の行政機関が主催する歌の催しにおいて、このような歌の掛け合いが行われることも見られる。筆者の現地調査の例を挙げると、河口ヤオ族自治県瑶山郷の郷政府は、毎年8月中旬に隣接する老範寨郷に住む藍靛ヤオ族の女性を招いて、瑶山郷に住む藍靛ヤオ族の男性と共に郷政府の集会室において「定歌会」（dinggehui）を開催している。経費や設備は郷政府

が提供し、大勢の男女が参加して賑やかな雰囲気の中、夜を徹して行われるのである。未婚の男女がこの機会を利用して相手を見つけるのみならず、既婚の人びとも彼らと共に歌の場に加わることによって、それぞれの恋愛時代を想い返すのである。

　以上に見てきたような場において、男女の間で歌い交わされる歌が「情歌」（qingge）であり、「恋歌」（linage）とも称される。先に述べたように、ヤオ族社会における恋愛と「情歌」とは不可分な関係にあり、「情歌」を歌い合うことを通じて伴侶を決めることは、ヤオ族の結婚におけるもっとも普遍的な方法となっている。

　ヤオ族に伝わる「情歌」は、集団による言語系統の違いなどにより、「ミエン系情歌」、「プヌ系情歌」、「ラッキャ系情歌」、「漢語系情歌」の４種に分けられる。「ミエン系情歌」は、ミエン語を用いる集団に伝わるもので、過山ヤオ族の集団で歌われる「歌堂（getang）情歌」に代表される。「プヌ系情歌」は、プヌ語を使用する集団に伝わるもので、彼らの間で広く歌われる「細話（xihua）情歌」は、南丹地区の白褲ヤオ族に伝わる「玩表歌」などが代表的なものである。「ラッキャ系情歌」は、金秀大瑶山に居住し、ラッキャ語を使用する茶山ヤオ族に伝わるもので、主なものとして「香哩」という囃し言葉をともなう「香哩歌」が挙げられる。「漢語系情歌」は、漢族の言語である漢語を自らの母語とするに至った集団に伝わるものであり、代表的なものとして富川の平地ヤオ族の間で盛んに歌われる《少年歌》が挙げられる。

　ヤオ族の各集団に現在伝承される民謡のうち、「情歌」は感情的な歌謡としてもっとも幅広く分布するものといえる。ざっと見渡しても、広西金秀大瑶山に住む茶山ヤオ族の〈情話像水長〉、山子ヤオ族の〈情歌一句驚動衆〉、盤ヤオ族の〈想妹好比藤纏樹〉、坳ヤオ族の〈小哥想妹日日想〉、広西南丹に住む白褲ヤオ族の〈我像山花自由開〉、広西全州に住む東山ヤオ族の〈唱得情投意也合〉、広西富川に住む平地ヤオ族の〈連情不到心不甘〉、広西巴馬に住むプヌヤオ族の〈有意来談情〉、広東連山に住む排ヤオ族の〈等累了不見你来〉、雲南河口に住む紅頭ヤオ族の〈千年如意水長流〉、藍靛ヤオ族の〈果李果桃共混種〉、ベトナム・ラオカイ省に住む紅ザオ族の〈当年妹妹見哥哥〉など、枚挙にいとまがない。このように数多くの「情歌」がヤオ族の社会に伝承されている状況

からは、彼らの恋愛習俗において歌謡の占める割合の大きさが確認される。歌を通じて自らの胸の内を伝えるヤオ族の青年男女にとって、歌についての豊富な知識を身に付け、上手に歌えるよう修練を積むことは、彼らの恋愛における成否を左右する重要事項といえるのである。

　以上、本節では、宗教儀礼、歴史伝承、生活知識、および情感表現という4つの側面から、ヤオ族民謡の社会的機能について検討してきた。これまでの考察を総括すると、以下のような認識を得ることができるように思われる。すなわち、ヤオ族の間では漢字を借用する以前の無文字の時代から、すでに事柄に応じて歌を歌う「應事而歌」（yinshi-erge）という伝統が形成されてきたものと推測される。ヤオ族民謡には機能性が非常に明確に見て取れ、その本質は言語の代わりに歌によって意思を伝える「以歌代言」（yige-daiyan）という言葉に代表される。民謡は、彼らにとって自民族の歴史や祖先英雄の伝説を次代へと伝える媒体であり、民族の団結心を強化する上でも重要な役割を果たしている。宗教儀礼においては、神々や参加者を楽しませる文芸であり、そして何よりも人びとの交際に用いられる口頭文化の形式によって、思想や情感を表現する主要な手段の1つとして、彼らの生活に不可欠な社会的機能を有することが認められるのである。

# 第 V 部

## 結　論

# 第 9 章

# 少数民族音楽文化の形成と発展
―必要・吸収・継承・変化および新たなる展開―

　中国は漢族と少数民族で構成される典型的な多民族の国家である。古来、中国に居住している非漢族の各民族は一国における経済や文化などの充実と発展に欠かせない人間集団であり、その音楽文化も悠久の歴史を持っている。固有の文化や伝統などを持つ少数民族は、中国音楽文化の繁栄に多大な貢献をなしてきた。そして、各民族の音楽文化が発展する過程においては、自民族の音楽文化と他民族の音楽文化との接触を通じて、新しい音楽文化が生み出されることが可能となる。中国においては、漢時代に一部の非漢族すなわち少数民族の音楽が中原（漢族居住地域）の音楽と互いに交流したことにより、宮廷音楽としての「四夷楽」（古代中国において「蛮、夷、戎、狄」と称された四方の少数民族の音楽を指す）が生み出され、中国伝統音楽の重要な構成部分となった。中原と西域を結ぶ重要な通商路であるシルクロードが形成されると、中原の人びとと西部の少数民族および中央アジア各国の人びととの交流はますます増加した。少数民族音楽と外国音楽は次々と中原に伝来し、多様な中国伝統音楽の形成に大きな役割を果たした。隋唐時代の九部楽や十部楽に含まれる亀茲楽、疏勒楽、高昌楽、西涼楽は、いずれも少数民族居住地域から中原に伝来した音楽である。ヤオ族音楽の一部も、そのような中原と少数民族居住地域との交流という流れにおいて、漢族の伝統文化との接触により形成されたものと考えられる。

　また、清時代の李光坡の『禮記述注』巻16（41頁）には、戦国時代の著名

第9章　少数民族音楽文化の形成と発展―必要・吸収・継承・変化および新たなる展開―　*161*

な音楽美学の理論著作『楽記』に関する論述を次のように見ることができる。

> 「凡音者、生人心者也。情動於中、故形於声；声成文、謂之音」
> （音楽とは、人の心から生み出されるものである。人の心の中で感情が昂ぶると、声として外に表れる。声に規則が与えられ組織されると、音楽と称されるのである。）

ここで『楽記』は、音楽が感情を表す芸術であり、人の心の世界および精神状態を表現するものであることを強調している。さらに『楽記』には、音楽は音響による芸術であり、自然形態としての音響から芸術形態としての音楽に達することは、芸術労働の過程であるとの認識が記されている。『楽記』に見られるこのような、音楽が人類社会の意識形態を成因とするという解釈は、ある純粋な唯物論的観点による認識であると思われる。

このような古代における音楽観に照らすと、少数民族の社会では人びとの感情や生産活動などに適応して形成された民謡が多いことが理解できる。本節では、ヤオ族音楽文化の形成と発展について、その必要性、吸収、継承、変化などの側面に着目して述べることとする。

（1） 音楽形成の必要性

筆者がヤオ族居住地で民間音楽を調査した結果、交通が比較的便利な居住地においては、特に祭りの時期に集中して器楽の演奏と民謡の歌唱が行われていることがわかった。これは、交通が便利なことから、近辺のみならず比較的遠方に住む人びとも、交通機関を利用して祭りの会場へ出かけることが可能であるためと思われる。そして、多くの人びとが参加する祭りの場においては、賑やかな雰囲気をかもし出すことが要求され、そのためには単に民謡の歌唱だけでは物足りなく感じられることから、楽器の演奏も加えられることとなったと考えられる。

祭りや結婚式などの場においては、長鼓が欠かせない打楽器となっている。長鼓の演奏と踊りが同時に行われれば、賑やかな祝いの雰囲気を一層高めることができる。長鼓をともなった舞踊である長鼓舞は、ヤオ族の人びとから特に好まれている。ヤオ族長鼓は、胴体の中央部が細くくびれた、いわゆる砂時計型の太鼓である。このような形は、演奏者が踊りながら演奏するために、持ち

やすさという必要に応じて作られたものと思われる。

　ヤオ族の黄泥鼓は、公（オス）鼓と母（メス）鼓に分けて製作される。それには、次のような背景が考えられる。すなわち、黄泥鼓を使用するヤオ族の居住地においても、人が亡くなった際には、死者を哀悼するために遺族が何らかの楽器の演奏を求めることは自然であり、父親あるいは母親が亡くなった際には、黄泥鼓を叩いて死者を哀悼することが習慣となっている。父親が亡くなった場合には、棺の前で黄泥鼓を演奏する任には妻が当たるため、自身と同性の楽器である母鼓を演奏することがふさわしいのである。ヤオ族の宗教儀式において使われる銅鼓も、黄泥鼓と同様に公鼓と母鼓に分けて演奏されることもある。これらの習慣からは、食料の確保を狩猟に頼る度合いの高いヤオ族にあっては、公（オス）と母（メス）という対概念が非常に重視され、本来無生命の物体である長鼓や銅鼓などの打楽器についても、生命を有するものと同様に、公と母で対になるよう作られてきたことが見て取れる。

　近代以前の中国においては、戦争を行う際に味方の軍事力を相手方に誇示するため、多くの鼓のような打楽器を叩く習慣が行われていた。中国南部の少数民族が集中する一帯は、中国の他の場所に比して銅資源が豊富であり、その資源を利用して多くの銅器を製作することが可能となっており、実際古くから銅器の製作が盛んに行われてきた。その中には銅鼓も含まれている。かつて中国南部の少数民族は、自らの土地を守るために、中央政府の軍隊としばしば戦争を行ってきた。その戦いに際して少数民族の統治者たちは、兵士となる人びとを集めるための合図として、また勇壮な音を轟かして士気を鼓舞するために、彼らに特有な打楽器である銅鼓を使用した。さらに、銅器の製作技術の発展にともなって、トーテム崇拝や民衆の娯楽などにおいても、銅を材料とした楽器が求められるようになった。このようにして、ヤオ族を含む中国南部少数民族の間では、多くの銅鼓が製作されてきたのである。

　次に歌唱について見ると、人間にとって歌を歌うことは、楽器の演奏のように一定の修練を必要とするものとは異なり、誰にでも可能な行為である。歌を歌うことを通じて喜びや悲しみなどの感情を表現することは、人間として極めて自然な行いであり、日常の暮らしや仕事の場において歌を歌うことは、人間の音楽行動として普遍的に見ることができる。避暑地として有名なベトナム北

第9章　少数民族音楽文化の形成と発展―必要・吸収・継承・変化および新たなる展開―　163

部ラオカイ省サパ県の中心部において、2000年に筆者が行った現地調査では、毎日多くの紅ザオ族と黒フモン族の人びとが市場の周辺に集まり、土産物を販売するかたわら旅行者を喜ばせるために、彼らに伝わる民謡を歌っていることが確認された。ヤオ族の師公は、若者たちに礼儀や常識を教えるために、教訓的な内容を歌詞とする歌謡を歌うこともある。客を送り迎えする際にも、客を迎える歌や客を送る歌が歌われる。また、太陽の神と大樹の神を崇拝する山地民族であるヤオ族は、自然崇拝を歌い込むことも行っており、伝統的な歌謡集である《盤王大歌》には自然崇拝を内容とする多くの古歌の歌詞が収められている。さらに、彼らが自らの祖先と見なしている盤古王や密洛陀の功績を称えるために、多くの史詩的な歌謡が創作されている。

　ヤオ族は主に山地で生業を営んでおり、大勢で大木を切り倒す際などには、歌を歌ってみなの動作と気持ちを一つにする必要がある。結婚式や誕生日の祝い、および宴会を開催する際にも、歌を歌うことは不可欠となっている。このような習慣ゆえに、ヤオ族の社会ではさまざまな種類の仕事歌や儀礼に関する歌が創作、伝承されてきた。また、彼らは移住を繰り返すことを習慣として生活してきた民族であり、現在では中国南部の広範囲にわたって分散して居住している。遠隔地に住む同族に対して、移住の状況を伝えたり親族や友人の消息を尋ねるために、「信歌」という民謡のジャンルが形成されてきた。

　このようにヤオ族の人びととの間では、交通が不便な山地に居住し漢族など他民族との音楽文化の交流が限られているため、楽器としてはごく少数の打楽器と管楽器が用いられているに過ぎないこともあり、歌謡が彼らの音楽表現のもっとも重要な手段となっていることが確認されるのである。

（2）　異文化の吸収

　ヤオ族の長鼓舞は、通常は長鼓のみを手に持って叩きながら踊るものであるが、場合によっては他の楽器の伴奏を加えることも行われている。たとえば、ミャオ族やトン族と隣接して居住するヤオ族の間では、蘆笙をともなった長鼓蘆笙舞が行われている。清代の文献にも、湖南に住むヤオ族が長鼓を叩き蘆笙を吹きながら踊るという記載が見られる。蘆笙は元来ヤオ族の楽器ではなく、ミャオ族やトン族の伝統楽器である。長鼓蘆笙舞は、ヤオ族の人びとが近隣に

居住する他民族の音楽文化を吸収して、自身の音楽表現に新たな形式を付加したものといえよう。

　また長鼓には、各種類の規格が存在するが、それぞれの楽器演奏の力などによって、「文長鼓」と「武長鼓」という演奏法に分けることもある。このように「文」「武」という対概念によって範疇を区切るのは、漢族の文化に広く見られる傾向であり、音楽に関連する代表的な例としては戯曲における役柄の区分が挙げられる。すなわち、「文生」は柔軟な身のこなしと比較的小さな声での歌を特徴とするのに対して、「武生」は豪放な立ち回りと力強く大きな声での歌を特徴とする。自民族の固有の文字を持たないヤオ族は、漢族の文化に広まっている「文」「武」の対概念を採用し、それを自らの楽器である長鼓の演奏法に適用したものと判断できるのである。

　中国伝統打楽器の合奏では、皮の鼓面を持つ鼓と金属を材料とする楽器とを組み合わせて演奏することがよく見られる。中国南部の少数民族居住地においても、木と皮を材料とする鼓とシンバルやゴングなど金属製の打楽器による合奏が盛んに行われており、彼らの打楽器合奏を特徴づけるものとなっている。ヤオ族においても、銅を材料とする銅鼓を打つ際に、木と皮を材料とする鼓で伴奏をつけて、金属の音と皮革の音を調和させることが行われている。これは、近代以前から受け継がれてきた、中国伝統打楽器の合奏における習慣の影響を受けたものと考えてよいであろう。

　各種の伝統文化は、存在する社会環境を同じくする場合、互いに表現形式を吸収し合うことが可能となる。中国の伝統音楽文化の発展を振り返っても、現在各地に存在する戯曲音楽は、その地方に伝わる民謡や歌舞、器楽などの音楽を吸収して形成された総合的な音楽表現の形式であることがわかる。ヤオ族における民謡の伝承について見ると、彼らは固有の文字を持たず、主に「口傳心授」の方法によって民謡を次代へと伝えてきた。もし歌詞を書き留めようとするならば、漢字を用いて表記するという方法を採用せざるを得ないのである。同様に、ヤオ族の民謡を楽譜として表示するにも、やはり漢族に普及している数字譜（簡譜ともいう）によって表記することが一般的となっている。また、金秀大瑶山の山子ヤオ族の「門中」や盤ヤオ族の「貴金中」などの民謡の歌詞は、いずれも中国古典詩に用いられる「七言四句」という詩体に依っている。

このように、漢族の文字文化を吸収することによって、現在多くの民謡がヤオ族の社会に伝承されつつある。現在、ヤオ族が居住する地域の小中学校では、漢族の民謡を学ぶヤオ族出身の生徒が少なくない。このような学習を通じて、ヤオ族の若い世代は漢族の音楽文化を吸収することができると同時に、さらにそれを将来における自民族の音楽文化の発展に生かすことも可能となるに違いない。

### （3） 音楽文化の継承

銅鼓は銅を材料とする打楽器であるため、木や皮を材料とする鼓とは異なり、長期にわたって損傷を受けることなく保管することが可能である。前述の宋代周去非の銅鼓に関する論述によると、当時の交趾の人は購入した銅鼓を山地に埋めてしまうという習慣を持つことがわかる。筆者の現地調査によると、現在銅鼓が用いられる主要な地域の1つである広西南丹の白褲ヤオ族の村においても、家々に祖先から伝えられてきた銅鼓が保管されていることが確認できた。このように、中国南部少数民族の間では近代以前から現在に至るまで、銅鼓を大切な物として村の近辺や家に保管し続けてきたことにより、銅鼓の演奏技法も代々継承されることが可能となったのである。ヤオ族は交通不便な山地に居住する民族であり、外の世界との交流が限られているため、古い時代の銅鼓文化を現代の社会に継承することができる環境となっている。現在のヤオ族の村落では、銅鼓の所有者は多くの村人から尊敬を受けるべき人物と見なされている。これは、近代以前の社会における人びとの銅鼓に対する認識が現代の社会にまで継承されている1つの事例であるといえる。

現在、広西南丹県白褲ヤオ族の村では、人びとが銅鼓を自家の重要な財産と見なして大事に保管し、大きな祭りや葬儀を行う際にのみ持ち出して演奏するという習慣が伝えられている。近代以前の文献にも、上等な「諸葛」銅鼓は千頭の牛と、並の「諸葛」銅鼓は七百あるいは八百頭の牛と交換できるという記載が見られる。中国南部の少数民族の社会では、高価な銅鼓は個人の重要な財産であり、銅鼓を所有することは富裕の象徴と見なされてきた。銅という保存性のよい材料ゆえに、時間が経過しても銅鼓の胴体に描かれた美しい図柄などが損傷を受けることが少ないことも、銅鼓の価値を一層高めているといってよ

いであろう。中国南部の少数民族の間では、早くからこのような銅鼓の特性が認識されていたため、昔の人びとの銅鼓に対する価値観が現在まで受け継がれてきたものと考えられる。

　清代以前から中国南部の少数民族の間では、病人の治癒や死者が死後の世界において安らかに暮らせることを祈願して神霊を祭る際に、銅鼓などの楽器を演奏する習慣があった。現在でも、広西南丹県白褲ヤオ族の間では、葬儀に際して銅鼓の演奏が儀式の重要な部分を構成している。これも、近代以前における銅鼓演奏の習慣が現在まで継承されてきた事例の1つといってよいであろう。

　ヤオ族は歌を愛する民族であり、多くの村においてさまざまな機会に歌が歌われている。民謡の歌唱は、彼らの祭りや結婚式、葬式などにおいて重要な構成部分となっている。多くの人びとが集まって行われるこれらの活動を通じて、民謡をあまりよく知らない若者たちも民謡を覚えることが可能であり、民謡を若い世代へと伝えるよい機会となっている。現在ヤオ族の社会に伝わる各種の民謡は、このようにして受け継がれてきたのである。

　ヤオ族に伝わる宗教は、自然崇拝と祖先崇拝を基本としている。彼らは交通が不便で天候が変わりやすい山地に居住してきたため、外の世界の文化が容易には流入してこない環境にあった。このような地域環境ゆえに、ヤオ族の宗教儀礼におけるさまざまな習慣は、比較的古い形をとどめて伝承されることが可能であった。雲南省河口地区に住むヤオ族の間で、宗教儀礼に際して鼓や銅鈴などを叩きながら祭祀のための歌が歌われることは、その一例といえよう。

（4）　音楽文化の変化

　現在ヤオ族の音楽に用いられる長鼓は、古代の細腰鼓から変遷を遂げてきた打楽器である。チワン族が用いる蜂鼓の演奏法とヤオ族長鼓の演奏法との間には類似点が見られるが、蜂鼓は胴の両面のうち片面が球状であり、もう片面がラッパ状であるという点において、ヤオ族長鼓と相違することも注目される。朝鮮族が用いる長鼓は、唐宋時代以前の細腰鼓から発展してきたもう1つの変種であると考えてよい。また、時代の変遷や楽器の改良にともなって、長鼓類の打楽器の名称が変わっていくこともしばしば起こる。たとえば、唐時代に

第9章　少数民族音楽文化の形成と発展—必要・吸収・継承・変化および新たなる展開—　*167*

は長鼓のように細長い胴体を持つ鼓はいずれも杖鼓と称されていたが、清時代に至ってヤオ族の長鼓には特別な音色を求めて黄色い泥を胴体に塗るものが現れ、土鼓とも称されるようになった。現在ヤオ族の間で用いられる長鼓類の打楽器には、演奏の目的や使用される状況などによって、大長鼓と小長鼓、母鼓と公鼓、黄泥鼓などさまざまな名称が存在している。前述のように、重要な祭祀儀礼を行う際には、力強い音を出すことができる大型の長鼓が要求される。一方、歌舞などの娯楽においては、手に持って踊りやすいよう比較的小型の長鼓が用いられる。つまり、ヤオ族の伝統楽器として古い時代から使用されてきた長鼓は、長い歳月のうちに、楽器の大きさや名称、製作に用いられる材料に変化を加えつつ、彼らの社会に伝承されてきたことが明らかとなるのである。

　楽器の大きさや形状に変化が生じることにともなって、演奏法にも何らかの変化が起こることは避けられないといえよう。長鼓の場合、大型の長鼓を演奏する際には、専用の楽器置き場に置いて演奏するという方法が採られることがあるが、小型の長鼓は大型の長鼓に比べて持ち運びやすいため、手で楽器を持つかあるいは紐で演奏者の肩にかけて演奏するという方法が採用されている。同じくヤオ族に伝わる打楽器である銅鼓の場合は、大型の銅鼓はもちろん小型のものであっても長鼓よりもはるかに重いため、専用の銅鼓置き場などに設置して演奏するという方法を採用せざるを得ないのである。

　銅鼓は、使用される目的に合わせて、形状や胴体に付けられる飾りものなどに変化を持たせて製作される。祭祀儀礼など特別な機会に使用される銅鼓は、高度な技術によって製作され、胴体は大きく、厚い銅を張った鼓面の四隅にはヒキガエルを模した装飾が置かれるのが普通であり、値段も高価である。漢時代の交趾に居住していた俚僚族も、大きな銅鼓を高い価値を持つものとして認識していた。これに対して、さまざまな娯楽に際してもしくは音楽を楽しむために演奏される銅鼓は、胴体が比較的小さく、鼓面に張られた銅も薄く、ヒキガエルを模した装飾が鼓面に置かれることもないのが普通である。このような薄い鼓面や装飾の欠如は、叩きやすさや音の響きのよさを重視したものといえ、演奏用の楽器として製作されたものといってよいであろう。

　民謡について見ると、「口傳心授」の方法によって民謡を伝承する際には、旋律に何らかの変化が生じることも起こり得る。人びとの口から口へと伝え

られていくうちに変わっていくこともあるし、同一人であっても歌う場所や目的、そのときの感情などによって、変えられることもあり得る。ヤオ族の民謡の「口傳心授」にあっては、伝え手から受け手に伝えられる都度、それまでの歌唱経験や自身の好み、判断などに基づいて、多少とも歌唱法や旋律に手を加えることが行われている。伝え手による加工というフィルターを通さずに民謡に接することは、事実上不可能なのである。「口傳心授」は、ヤオ族民謡の伝承と発展および多様な民謡の形成に重要な役割を果たしているといえる。

　民謡は、ヤオ族伝統文化の重要な構成部分の1つであり、各地に居住する集団ごとに環境や習俗の違いに応じて、歌唱の形式や歌詞の詩体などにおいてさまざまな変異が見られる。たとえば、雲南省河口のヤオ族の場合、家において民謡を歌う際には、その家の主人は歌うことが禁じられており、原則として家族の間で「対歌」が行われることもない。広西賀県のヤオ族の間で歌われる《盤王大歌》には、姓を異にする一族ごとに、36段、24段、18段など段数の異なる歌詞本が伝えられている。広東省連南に住む排ヤオ族などにおいて葬儀の際に歌われる歌謡では、他の集団のそれが一般に厳粛な音調のものであるのに対して、これらにおいては彼らの楽観的な人生観を反映した活発な音調のものが歌われている。

　ヤオ族の民謡は、彼らの移住先における社会環境などの影響によって変容を受けることもある。紅頭ヤオ族群および藍靛ヤオ族群に属する諸集団に伝わる代表的な民謡である「過山音」は、彼らの移住にともなって各地に伝えられていくうちに、歌詞の内容や旋律に相違が生じていることが確認されている。たとえば、ベトナム・ラオカイ省に住む黒ザオ族では、彼らの「過山音」の歌詞に盤古王以外の人物すなわちホーチミンを崇拝する内容が取り入れられている。これは、彼らと同じ社会環境に生活する他民族の信仰文化が、ヤオ族の民謡に影響を及ぼした例の1つといえよう。

（5）　音楽文化の展開

　ヤオ族の人びとにとって盤古王を祭ることは、彼らのもっとも重要な宗教儀式であり、厳粛な雰囲気が要求される。しかし、現在のヤオ族社会では、盤古王の祭りに際して、歌の掛け合いや踊りなどの娯楽が付随して行われることも

## 第9章 少数民族音楽文化の形成と発展―必要・吸収・継承・変化および新たなる展開― 169

しばしば見られる。つまり、本来盤古王の祭祀という純粋な宗教儀礼が、時代の推移とともに民衆にとっての娯楽をも取り込むようになり、伝統的な祭りに新たな性格が付与されるという発展する様相を確認できるように思われる。そして、ヤオ族の民謡の歌い手のうちには、民謡の創作や楽器の演奏をも得意とする者がいる。音楽的な才能に秀でた彼らは、従来の民謡を歌う際にも、自身の創造性や楽器演奏の経験を活かして、多少なりとも旋律や歌詞に改変を加えることがあり、その結果ヤオ族の民謡はますます豊かなものとなっていくのである。

また、ヤオ族は集団で民謡を歌うことを通じて、互いにコミュニケーションを行っている。ヤオ族の社会では民謡は娯楽としてのみならず、人びとの情報交換の手段としても活用されているのであり、ヤオ族社会における音楽の機能性を認めることができる。現在、雲南省河口のヤオ族では、元来人びとが自主的に催していた歌の会に加えて、現地の地方政府の主催により大勢の人びとを集めて歌の会が開催されるという、新たなあり方を見ることができる。

筆者は現地調査において、広西の桂林や雲南の西双版納では、現在観光客向けに「民族村」を開設し、地元の少数民族の伝統文化を紹介するという1種の観光事業が展開されつつあることを知った。「民族村」ではヤオ族を含む少数民族の人びとが、そこにしつらえられたそれぞれ特色ある家屋において、観光客のために彼らに伝わる結婚式などの様子や伝統芸能を演じて見せるのである。舞台上では、ヤオ族の娘たちが小道具としての小長鼓を持って舞いを踊り、若者たちが民謡を歌ったり葦笛を吹いたりする。このような形での演出は、本来のあり方からやや離れてしまってはいるものの、音楽を含む少数民族の伝統文化を一堂に集めて公開することにより、たとえ表面的ではあっても観光客に一定の理解をもたらす効果を上げることが期待できるように思われる。

現代社会の情報化、産業化が、中国の少数民族の音楽文化に新たな展開を迫りつつある様相は、次の例からもうかがうことができる。

現在、中国の作曲家たちの間では、自身の作品に少数民族の音楽を素材として用いることが1つの潮流となっている。ヤオ族の歌舞や民謡の旋律を素材とした作品には、劉鉄山、茅沅の管弦楽曲〈瑶族舞曲〉（1952年）、リー族の歌

舞や民謡の旋律を素材とした作品には、何東、李超然のヴァイオリン曲〈黎家代表上北京〉（1972年）、および東北地区のモンゴル族とエヴェンキ族の民謡の旋律を素材とした作品には、黄維強の管弦楽曲〈篝火〉（1980年）などが挙げられ、これらは西洋の楽器と中国の少数民族の音楽とを結び付ける試みとして、テレビやラジオなどを通じて中国全土に紹介されている。

　1999年から毎年1回、広西チワン族自治区の区都南寧で開催されている国際民謡芸術祭は、自治区内に居住するチワン族やヤオ族などの民謡を国内外からの参加者に紹介する上で、大きな役割を果たしつつある。芸術祭の主要な催しは、「中華民間歌手コンクール」、「広西山歌歌唱大会」、「孔雀奨少数民族声楽コンクール」などである。そのうち「中華民間歌手コンクール」は、中国全土の56民族の代表的な民間歌手が招かれ、それぞれの民謡を披露する大規模な催しであり、「広西山歌歌唱大会」は、広西に居住するチワン族やヤオ族などの「山歌対唱」（男女に分かれて双方が問答の形式で山歌を歌い合うこと）に集中的に接することのできる得がたい機会である。このような催しは、やはり放送メディアを通じて中国全土の人びとに紹介され、当地の少数民族の音楽文化について人びとの理解を促進させる役割を果たしているといえよう。

　ヤオ族の音楽文化は、ヤオ族の人びとが長い年月にわたって集団で創作してきたものである。彼らは日常生活や労働作業などに応じて、多くの民謡や打楽器の合奏を生み出し、主に「口傳心授」の方法によってそれらを次世代へと伝えている。彼らの民謡には、素朴な感情、簡潔な手法、独特な様式、および鮮明な音楽形象によって、過去から現在に至るヤオ族の社会生活が如実に反映されている。彼らの代表的な打楽器である長鼓と銅鼓は、宗教儀式に際して神秘性を帯びて用いられるのみならず、時代の推移とともに娯楽のための楽器としても使われるようになった。このようにヤオ族の音楽文化は、彼らの歴史を反映する1つの鏡であると同時に、彼らの宗教儀式や日常生活に欠かせない精神的な糧でもあるといえるのである。

## あとがき

　本書は 2002 年度大阪大学大学院文学研究科に提出した博士論文に基づいて加筆訂正したものです。本研究を行うにあたって大阪大学大学院文学研究科の山口修教授（音楽学）から多大なご指導を頂き、大変お世話になりました。中国南部少数民族地区への調査計画などを作るには国立民族学博物館の横山廣子准教授（文化人類学）、韓敏准教授（社会人類学）から多くのアドバイスを受け、いろいろな相談に乗って頂き、大変参考になりました。また、ベトナム語の学習やベトナムの歴史、およびベトナム北部少数民族の現状などを知るにも、大阪大学大学院文学研究科の桃木至朗教授（東洋史学）がさまざまな面で助けてくださり、大きな支えとなりました。ご指導、ご協力くださった皆さんに心から感謝の意を表します。

　また、博士論文の執筆後にご精読、ご指摘くださった大阪大学大学院文学研究科の根岸一美教授（音楽学）、日本語を厳しくチェックしてくださった大久保賢氏、橘田勲氏、貴重な資料を閲覧させてくださった大阪大学付属図書館、国立民族学博物館付属図書館、中国国立上海図書館、中国国立雲南民族博物館、広西チワン族自治区博物館、広西チワン族自治区金秀ヤオ族博物館、ベトナム・ハノイ国立音楽研究所などの方々、貴重な写真を参考にさせてくださった『瑶族』畫冊編集委員会、『中国楽器図鑑』編集者などの方々、本書の出版にご協力くださった大学教育出版の佐藤守氏に深く感謝を申し上げます。さらに中越国境近辺などの少数民族地区への調査および資料収集の機会を与えてくださった財団法人 日本科学協会、富士ゼロックス 小林節太郎記念基金、大阪ライオンズクラブ、本書の刊行経費を援助してくださった富士ゼロックス 小林節太郎記念基金日本華楽団（芸術総監督・指揮　龔林）にも心よりお礼を申し上げます。

2009 年 1 月

李　金叶（Li jinye）
lijinye8@hotmail.com

## 参考文献

A　古文献（五十音順）

『楽書』宋・陳暘（撰）、［景印文淵閣四庫全書第 211 冊、經部三四七、樂類、23 - 949］、台北：台湾商務印書館、1934 年

『羯鼓録』唐・南卓（撰）、『羯鼓録、楽府雑録、碧鶏漫志』所収、上海：古籍出版社、1958 年（1988 年新一版）

『楽府詩集』宋・郭茂倩（撰）、［四庫文學總集選刊］、上海：上海古籍出版社、1993 年

『楽府傳声』清・徐大椿（選）、［中国古典戲曲論著集成（七）、145 - 188］中国戲曲研究院（編）、北京：中国戲劇出版社、1959 年

『漢書』漢・班固等（撰）、［百衲本二十四史］、台北：台湾商務印書館、1937 年

『廣東新語』清・屈大均（撰）、［新修方志叢刊第 130 冊・廣東方志之十］、清康熙卅九年木天閣刊本景印、台北：學生書局、1968 年

『舊唐書（三）宋紹興刊本』後晋・劉昫等（撰）、［百衲本二十四史］、台北：台湾商務印書館、1937 年

『桂海虞衡志』宋・範成大（撰）、［景印文淵閣四庫全書第 589 冊、史部三四七、地理類、365 - 388］、台北：台湾商務印書館、1934 年

『皇清職貢圖九卷』清・傅恆等（奉敕）、［景印文淵閣四庫全書第 594 冊、史部三五二、地理類、395 - 728］、台北：台湾商務印書館、1934 年

『後漢書（一）宋紹興刊本』南北朝・范曄（撰）、［百衲本二十四史］、台北：台湾商務印書館、1937 年

『後漢書（三）宋紹興刊本』南北朝・范曄（撰）、［百衲本二十四史］、台北：台湾商務印書館、1937 年

『史記』漢・司馬遷（選）、［百衲本二十四史］、台北：台湾商務印書館、1937 年

『詞源上下卷』宋・張炎（撰）、［叢書集成初編第 2674 冊、碧雞漫志（及其他三種）］、北京：中華書局、1991 年

『春秋左氏傳注疏』晋・杜預（注）、唐・孔穎達（疏）、京都：中文出版社、1981 年

『新唐書』宋・欧陽修等（撰）、［百衲本二十四史］、台北：台湾商務印書館、1937 年

『隋書元大徳刊本』唐・魏征等（撰）、［百衲本二十四史］、台北：台湾商務印書館、1937 年

『西事珥八卷（卷六配清鈔本）』明・魏濬（撰）、上海圖書館南京圖書館蔵明萬暦刻本［四庫全書存目叢書、史 247、史部地理類、745 - 835］、四庫全書存目叢書編纂委員會（編）、濟南：齊魯書社、1996 年

『赤雅三卷』明・鄺露（撰）、［景印文淵閣四庫全書第 594 冊、史部三五二、地理類、337 - 368］、台北：台湾商務印書館、1934 年

『山海經十八卷』晋・郭璞（注）、［景印文淵閣四庫全書第 1042 冊、子部三四八、小説家類、1

‐84］、台北：台湾商務印書館、1934 年

『全唐詩』清・彭定求等（選）、北京：中華書局、1977 年（1992 年第 5 次印刷）

『宋史（十）元至正刊本』元・脱脱等（撰）、［百衲本二十四史］、台北：台湾商務印書館、1937 年

『捜神記二十巻』晋・干宝（撰）、［景印文淵閣四庫全書第 1042 冊、子部三四八、小説家類、365‐468］、台北：台湾商務印書館、1934 年

『楚辭補注』宋・洪興祖（編）、北京：中華書局、2000 年（中国古典文學基本叢書）

『大南寔録二（大南寔録正編第一紀）』嗣徳元年（1847 年）成立、影印、慶應義塾大学言語文化研究所、1963 年

『通典』唐・杜佑（撰）、台北：台湾新興書局、1963 年

『天下郡国利病書不分巻（二）』清・顧炎武（撰）、［四庫全書存目叢書、史 172、史部地理類、1‐843］、四庫全書存目叢書編纂委員会（編）、濟南：齊魯書社、1996 年

『風俗通義（一）』漢・應劭（撰）、［丛書集成簡編］王雲五主編、台北：台湾商務印書館、1965 年

『明史（四）清乾隆武英殿原刊本附王頌蔚編集考證捃逸』清・張廷玉等（撰）、［百衲本二十四史］、台北：台湾商務印書館、1937 年

『夢溪筆談』宋・沈括（撰）、［景印文淵閣四庫全書第 862 冊、子部一六八、雜家類、707‐890］、台北：台湾商務印書館、1934 年

『湧幢小品卷之四』明・朱国楨（撰）、［筆記小説大観正編（三）、1911‐1918］、台北：台湾新興書局、1973 年

『禮記述注（十一）』清・李光坡（撰）、［四庫全書珍本第 172 冊］王雲五主持、台北：台湾商務印書館、1971 年

『劉禹錫全集』 唐・劉禹錫（撰）、上海：上海古籍出版社、1999 年

『梁書宋蜀大字本』唐・姚思廉（撰）、［百衲本二十四史］、台北：台湾商務印書館、1937 年

『嶺外代答』宋・周去非（撰）、［景印文淵閣四庫全書第 589 冊、史部三四七、地理類、389‐485］、台北：台湾商務印書館、1934 年

『嶺表録異』唐・劉恂（撰）、［景印文淵閣四庫全書第 589 冊、史部三四七、地理類、79‐98］、台北：台湾商務印書館、1934 年

『連陽八排風土記八卷』清・李来章（撰）、中央民族大學圖書館蔵清康煕四十七年連山書院刻乾隆増刻本［四庫全書存目叢書、史 256、史部地理類、262‐373］、四庫全書存目叢書編纂委員会（編）、濟南：齊魯書社、1996 年


B　地方志（五十音順）

『河口県志』河口瑶族自治県地方志編纂委員会（編）、北京：(生活・读書・新知)三聯書店、1994 年

『金秀瑶族自治県志』金秀瑶族自治県志編纂委員会（編）、中央民族学院出版社、1992 年

『廣西通志』清・金鉷等（監修）、［景印文淵閣四庫全書、第567冊、史部三二五、地理類、1-628］、台北：台湾商務印書館、1934年

『南丹県志』南丹県地方志編纂委員会（編）、南寧：広西人民出版社、1994年

『陽江志（二）』民国・張以城（撰）、［中国方志叢書・華南地方・第190號］、民国十四年刊本影印、台北：成文出版社、1974年

『連山綏猺廳志』清・姚東之（撰）、［中国方志叢書・華南地方・第165號］、清道光十七年刊本影印、台北：成文出版社、1974年

C　現代文献（五十音順）

『雲貴高原のヤオ族』田畑久夫、金丸良子（撰）、東京：ゆまに書房、1995年

『雲南境内的少数民族』謝薀秋等（編）、北京：民族出版社、1999年

『雲南少数民族概覧』郭　浄等（編）、昆明：雲南人民出版社、1999年

『雲南省博物舘銅鼓図録』雲南省博物舘（編）、昆明：雲南人民出版社、1959年

『雲南青銅文化論集』雲南省博物館（編）、昆明：雲南人民出版社、1991年

『雲南的民族団結与辺疆穏定』郭家驥等（編）、北京：民族出版社、1998年

『雲南統計年鑑』雲南省統計局（編）、北京：中国統計出版社、1995年

『雲南民族史』尤　中（撰）、昆明：雲南大学出版社、1994年

『越南』張加祥、俞培玲（撰）、北京：当代世界出版社、1998年

『越南民族与民族問題』範宏貴（撰）、南寧：広西民族出版社、1999年

『応用音楽学』山口　修（著）、東京：放送大学教育振興会、2000年

『音の今昔』櫻井哲男、山口　修（撰）、東京：弘文堂、1996年

『音楽事典・楽語』堀内敬三、野村良雄（編）、東京：音楽之友社、1969年

『音楽社会学』人民音楽出版社編集部（編）、北京：人民音楽出版社、2000年

『音楽人類学』A・P・メリアム（著）、藤井知昭・鈴木道子（訳）、東京：音楽之友社、1980年

『環境と音楽』民族音楽叢書（7）藤井知昭、山田陽一（編）、東京：東京書籍、1991年

『漢族民歌概論』江明惇（撰）、上海：上海音楽出版社、1982年

『貴州瑶族』柏果成等（撰）、貴陽：貴州民族出版社、1990年

『廣西少数民族』莫家仁、陸群和（撰）、南寧：廣西人民出版社、1996年

『廣西統計年鑑』広西チワン族自治区統計局（編）、北京：中国統計出版社、1997年

『出自積淼的水中――以貝労音楽文化為実例的音楽学新論』山口　修（著）、紀太平、朱家駿、仲万美子、橘田勛（訳）、羅傳開（校訂）、北京：中国社会科学出版社、1999年

『商周青銅文化』李先登（撰）、北京：商務印書館、1997年

「書評――喬健中著『土地与歌』」李　金叶（撰）、『東洋音楽研究』（第65号）所収、2000年、92-95頁

『世界民族学史』賈東海等（編）、銀川：寧夏人民出版社、1996年（第2次印刷）

『冼星海選輯』（第一輯）、特に「歌謡と新興音楽」参照　中国音楽研究所（編）、北京：中央音楽学院中国音楽研究所内部資料、1962 年

『地球音楽紀行』水野信男（撰）、東京：音楽之友社、1998 年

『中国音楽詞典』中国芸術研究院音楽研究所（編）、北京：人民音楽出版社、1984 年

『中国各少数民族民間音楽概述』杜亜雄（撰）、北京：人民音楽出版社、1993 年

『中国史稿地図集』郭沫若等（編）、北京：中国地図出版社、1996 年

『中国楽器図鑑』劉東昇等（編）、濟南：山東教育出版社、1992 年

『中国楽器図志』劉東昇等（編）、北京：軽工業出版社、1987 年

『中国近現代音楽史』汪毓和（撰）、北京：人民音楽出版社、1994 年

『中国考古学三十年』文物編集委員会（編）、関野雄（監訳）、東京：平凡社、1981 年

『中国古代音楽史』金文達（撰）、北京：人民音楽出版社、1994 年

『中国古代音楽史簡述』劉再生（撰）北京：人民音楽出版社、1989 年

『中国古代音楽史稿』楊蔭瀏（撰）、北京：人民音楽出版社、1981 年

『中国古代民族』李清和（撰）、北京：中共中央党校出版社、1991 年

『中国少数民族音楽史（上）』袁炳昌等（編）、北京：中央民族大学出版社、1998 年

『中国少数民族楽器』楽声（編）、北京：民族出版社、1999 年

『中国少数民族藝術詞典』『中国少数民族藝術詞典』編集委員会（編）、北京：民族出版社、1991 年

『中国少数民族事典』田畑久夫等（撰）、東京：東京堂出版、2001 年

『中国少数民族史話』宋全等（撰）、北京：中央民族大学出版社、1999 年

『中国少数民族節日』胡起望、項美珍（撰）、北京：商務印書館、1996 年

『中国少数民族節日与風情』徐万邦（撰）、北京：中央民族大学出版社、1999 年

『中国少数民族哲学・宗教・儒学』肖万源等（編）、北京：当代中国出版社、1995 年

『中国大百科全書・民族』中国大百科全書出版社編集部（編）、北京：中国大百科全書出版社、1986 年

「中国日本近現代音楽史上的平行現象」羅傳開（撰）、『音楽研究』第 3 期所収、1987 年、26 - 35 頁

『中国統計年鑑』国家統計局（編）、北京：中国統計出版社、2000 年

『中国の少数民族を語る』梅棹忠夫（編）、東京：筑摩書房、1987 年

『中国民歌』周青青（撰）、北京：人民音楽出版社、1996 年（第 2 次印刷）

『中国瑶族風土志』蒲朝軍等（編）、北京：北京大学出版社、1992 年

『唐代の楽器』東洋音楽選書（2）岸辺成雄、林謙三、東洋音楽学会（編）、東京：音楽之友社、1968 年

『東南アジア山地民族誌』白鳥芳郎（編）、東京：講談社、1978 年

『土地与歌』喬建中（撰）、山東：山東文芸出版社、1998 年

「南部中国ヤオ族の音楽文化——打楽器を中心として——」李金叶（撰）、『東洋音楽研究』

（第66号）所収、2001年、73-82頁

『日本の音楽・アジアの音楽』岩波講座第四巻（伝承と記録）蒲生郷昭・柴田南雄・徳丸吉彦・平野健次・山口　修・横道萬里雄（編）、東京：岩波書店、1988年

『人間の音楽性』J・ブラッキング（著）、徳丸吉彦（訳）、東京：岩波書店、1978年

『盤王大歌』（歌詞本）鄭徳宏（翻訳・整理）、長沙：岳麓書社、1987年

『ベトナムにおける無形文化財映像記録化人材養成トレーニング機関調査』山口　修（撰）、国際交流基金アジア無形文化財映像記録化調査研究会、1999年

『ベトナムの少数民族』菊池一雅（撰）、東京：古今書院、1988年

『ベトナムの事典』石井米雄（監修）、東京：同朋舎、1999年

『ベトナム民族小史』松本信宏（撰）、東京：岩波書店、1969年

『密洛陀』（歌詞本）藍懐昌等（翻訳・整理）、北京：中国民間文芸出版社、1988年

『民間歌曲講義』耿生廉（撰）、中央音楽学院教材科内部出版、1980年

『民族音楽概論』郭乃安（撰）、北京：人民音楽出版社、1964年

『民族音楽概論』藤井知昭、水野信男、山口　修、櫻井哲男、塚田健一（編）東京：東京書籍、1992年

「民族音楽学」山口　修（撰）、『音楽大事典』（第5巻：2471～2482）所収、東京：平凡社、1983年

『民族音楽学理論』徳丸吉彦（撰）、東京：放送大学教育振興会、1996年

「民族音楽と民族音楽学」山口　修（撰）、『民族音楽学譯文集』（278頁～288頁）所収、董維松、沈洽（編）、江明惇（訳）、羅傳開（校訂）、北京：中国文聯出版社、1985年

『民族器楽』袁静芳（撰）北京：人民音楽出版社、1987年

『もっと知りたいベトナム』桜井由躬雄（編）、東京：弘文堂、1989年

『ヤオ族の歴史と文化』竹村卓二（撰）、東京：弘文堂、1981年

『瑶族歌堂曲』（歌詞本）陳摩人等（収集・整理）、広州：広東人民出版社、1981年

『瑶族』広西チワン族自治区『瑶族』畫冊編集委員会編、北京：人民出版社、1990年

『瑶族史』呉永章（撰）、成都：四川民族出版社、1993年

『瑶族文化論』雲南民族研究所（編）、昆明：雲南人民出版社、1993年

『琉球・中国音楽比較論』王耀華（撰）、沖縄：那覇出版社、1987年

『呂驥文選』、特に「中国民間音楽研究提要」参照　呂　驥（撰）、北京：人民音楽出版社、1989年

『歴史世界としての東南アジア』桃木至朗（撰）、東京：山川出版社、1996年

「歴史的民族音楽学の必要性と可能性――とくにオセアニアの研究例に依拠した考察」山口　修（撰）、『待兼山論叢』美学篇（第16号）所収、大阪大学文学部、1982年、1-19頁

D　英語文献（ABC順）

*Dong Son Drums in Việt Nam*, Phạm Huy Thông, Hanoi: The Viet Nam Social Science

Publishing House, 1990.
*Music from the Tang Court*, Picken, L.E.R, Vol.1. London: Oxford University Press 1981.
*Musical Instruments of the Jarai and Bohnar*, Đào Huy Quyền, Pleiku: TP. Hochiminh, 1997.
*Musical Instruments of Vietnam's Ethnic Minorities*, Tô Ngọc Thanh, Hanoi: The Gioi Publishers, 1997.
*The Cultural and Social Development of the Yao:* The Present and the Future Hanoi: The National Center for Social Sciences and Humanities of Vietnam 1998.
*Việt Nam 54 Dân Tộc*, Viet Nam News Agency, Hanoi: The Ethnic Cultures Publishing House, 1997.

E　音響、映像、楽譜（年代順）
① 音響
《世界民族音楽大集成》CDs　東京：キングレコード、1992年（特に中国の音楽に関する第11枚目 KICC5511 から第14枚目 KICC5514 までの CD を参照されたい）
《フィールドワーカーによる音の民族誌──地球の音楽全集》CDs　藤井知昭（監修）、東京：日本ビクター＋ビクター音楽産業、1992年（特に中国の音楽に関する第57枚目 VICD57 から第62枚目 VICD62 までの CD を参照されたい）
《土地与歌》2CDs　喬建中（監修）、台北：風潮有声出版社、1996年、（TCD-1020）
"Vietnam: musiques des montagnards/Vietnam: music of the montagnards" 2CDs, Le chant du monde CNR 2741085.86 HM 76x 2 Paris : CNRS/Musee de l' Homme.
中国南部およびベトナム北部におけるフィールドワーク録音資料　李金叶　2000年、2001年

② 映像
『音と映像による世界民族音楽大系』藤井知昭（監修）、東京：平凡社＋日本ビクター 1988年（特に東アジア篇 VTM-2/VTM-3、東南アジア篇 VTM-3/VTM-4 を参照されたい）
『ヤオ族の結婚式─タイ山地民─』ビデオ　国立民族学博物館（監修）、NHK サービスセンター制作、1992年（4VI-16/1043）
『新・音と映像による世界民族音楽大系』藤井知昭（監修）、東京：平凡社＋日本ビクター 1995年（特に東アジア篇 VTML-203、東南アジア篇 VTML-204/VTML205 を参照されたい）
『天地楽舞』ビデオ　藤井知昭（監修）、東京：日本ビクター、1997年（特に西南少数民族篇 VTMV-302/VTMV-309/VTMV-319/VTMV-322/VTMV-323、東南少数民族篇 VTMV-330V/VTMV-331/VTMV-333 を参照されたい）
『深山排瑶』VCD　広州白天鵝音像有限会社製作、1998年（CN-F23-98-0004/V.J9）

"Xứ Lạng Một vùng dân ca" ビデオ　ベトナム・ハノイ音楽研究所製作、1998 年（Pal-60）
"Độc tấu hòa tấu nhạc cụ dân gian Việt Nam" VCD　ベトナム・ハノイ音楽学研究所製作、1999 年（番号なし）
中国南部およびベトナム北部におけるフィールドワーク録画資料　李金叶　2000 年、2001 年

③　楽譜
《廣西民間歌曲集》中国音楽家協会広西分会（編）、南寧：広西人民出版社、1962 年
《瑶族民歌選》蘇勝興等（編）、上海：文芸出版社、1982 年
《瑶族民間歌曲》中国芸術研究院音楽研究所（編）、『瑶族民歌』（77 頁〜148 頁）所収、北京：文化芸術出版社、1987 年
《中国歌謡集成・廣西巻》農冠品等（編）北京：中国社会科学出版社、1992 年
《中国各民族民歌選集》中国民間歌曲集成総編集部（編）、北京：人民音楽出版社、1992 年

■著者紹介

李　金叶　（リ　キンヨウ）　Li Jinye

　1958 年　中国上海に生まれる
　1990 年　中国北京、国立中国音楽学院音楽学部音楽学専攻卒業
　1996 年　東京芸術大学大学院音楽研究科修士課程修了（音楽修士）
　1999 年　筑波大学大学院歴史・人類学研究科博士課程科目等履修生修了
　2003 年　大阪大学大学院文学研究科博士後期課程修了（文学博士）
　2005 年〜　大阪大学外国人招へい研究員、国立民族学博物館外来研究員、その他中国国内外の大学や研究機関で研究・教育指導に従事

主な業績
「姜白石研究の研究」『音楽研究』第四期、北京、1991 年、42 〜 53 頁
「唐伝敦煌楽譜の解読に関する基礎的研究」東京芸術大学図書館蔵、1996 年、110 頁
「南部中国ヤオ族の音楽文化──打楽器を中心として──」『東洋音楽研究』第 66 号、2000 年、73 〜 82 頁
「中越国境近辺の少数民族の音楽文化研究」富士ゼロックス 小林節太郎記念基金発行、2003 年、35 頁
「ヤオ族民謡の伝承に関する考察」『阪大音楽学報』第 2 号、2004 年、99 〜 112 頁

## 中国とベトナム山地民族の世界
―ヤオ族音楽文化に関する基礎的研究―

2009 年 3 月 10 日　初版第 1 刷発行

■著　　者────李　金叶
■発 行 者────佐藤　守
■発 行 所────株式会社 大学教育出版
　　　　　　　　〒 700-0953　岡山市西市 855-4
　　　　　　　　電話（086）244-1268　FAX（086）246-0294
■印刷製本────サンコー印刷㈱
■装　　丁────ティーボーンデザイン事務所

© Li jinye 2009, Printed in Japan
検印省略　　落丁・乱丁本はお取り替えいたします。
無断で本書の一部または全部を複写・複製することは禁じられています。
ISBN978-4-88730-892-3